일터, 하나님의 디자인 워크북

송동호

워크북

일터
하나님의
디자인

송동호

들어가며

　2019년 여름, 마닐라에서 로잔이 주관하는 GWF(Global Workplace Forum)
가 열렸다. 세계 109개국에서 900여 명이 참석하였는데, 이들 중에는 소
수의 학자와 목회자들이 있었고, 대부분은 IT엔지니어, 교사, 간호사, 요
리사, 가사 도우미를 비롯해 예술가들까지 일터현장에서 일하고 있는 다
양한 사람들이었다. 당시 미국 프린스턴 대학에서 '일과 신앙' 학부의 책임
자로 있는 데이빗 밀러(David W. Miller)가 나와서 오프닝 메시지를 하였는
데, 메시지의 결론에서 그의 스승 존 스토트가 돌아가시기 며칠 전에 병원
을 찾아가서 스승과 함께 나누었던 잊을 수 없는 스토리 하나를 공개했다.

　당시 몸을 가눌 수 없을 정도였던 존 스토트가 침대에서 자신을 일으켜
달라고 해서 일으켜 드리니, 다시 조금 걸어보고 싶다며 신발을 신겨달라
고 했다. 그는 자신을 부축해 주는 데이빗의 손을 의지해서 힘겹게 작은 병
실 한 바퀴를 돌고 침대로 돌아와 앉더니, "데이빗, 우리가 너무 오랫동안
성도들의 발만 씻겨주었던 것 같지 않아? 이제는 우리가 그들의 발에 신
을 신겨 주고, 세상 곳곳 모든 일터로 나아가 일하도록 힘껏 도와주면 좋
겠어"라며 다시 침대에 누웠다고 말했다. 며칠 후에 그는 존 스토트가 세
상을 떠났다는 부고를 받았다고 했다. 데이빗은 이야기를 마치면서 '세계
적인 복음주의자요, 신학자요, 목회자였던 존 스토트의 이 작은 퍼포먼스
는 세계교회와 우리에게 들려주고 싶었던 마지막 유언이 아니었을까?' 하

고 추억했다.

　『일터, 하나님의 디자인』은 바로 이 일을 위해 쓰인 책이다. 그동안 교회는 실제로 성도들에게 자신의 소명을 발견하도록 돕고 온 세상을 모든 현장으로 나아가 복음을 살아 내며 또 전하도록 준비시켜 주는 일에는 소극적이었던 것이 사실이다. 세상 속에서 상처 입은 성도들의 마음을 위로하고, 더러워진 성도들의 발을 씻겨 주며 성결과 거룩의 삶만을 강조해 왔다. 이제 우리 모든 교회의 사역에서 성도들을 세상의 모든 일터와 삶의 자리로 파송하기 위해 준비시켜야 한다.

　이 책의 활용을 위하여 다음과 같이 구분하고 정리하면 좋겠다. 책은 두 권이다. 주교재는 『일터, 하나님의 디자인』(이하 교재)이다. 그리고 함께 사용할 책은 『일터, 하나님의 디자인 워크북』(이하 워크북)이다.

교재에 대하여

책의 제목은 책 전체를 이해하는 열쇠다. 『일터, 하나님의 디자인』은 우리의 삶과 그 터전인 일터를 위한 책이다. 책의 각 장은 하나님의 관점으로 자신의 삶과 일과 일터를 이해하도록 돕고, 나아가 하나님의 계획과 목적을 따라 살 수 있도록 우리를 이끈다. 이 책은 각 장에서 먼저 하나님의 창조 디자인이 담겨있는 그 원형으로써 에덴의 이야기를 묵상하고 정리한다. 에덴은 하나님께서 디자인하신 최초의 일터일 뿐만 아니라, 실제로 가정이며, 교회이며 학교다. 우리는 바로 그 에덴에서 하나님께서 계획하신 깨어지지 않은 일터, 가정, 교회와 학교의 원형을 발견할 수 있다. 우리의 삶의 구속은 바로 이 원형적 에덴의 디자인을 우리의 삶에 회복하는 것이다. 이런 관점에서 하나님께서 디자인하신 에덴에서 발견하는 삶의 원리는 각 장의 주제마다 적용된다. 각 장에서 거듭 반복되는 동일한 원리들의 적용은 우리의 삶과 일터의 가치관을 분명하게 형성하도록 도울 것이다.

이 책은 크게 두 부분으로 나누어서 이해할 수 있다. 전반부 1~5장은 자신의 세계관, 소명, 문화, 영성, 돈과 같은 주제로 자신의 모습을 다시 점검하도록 돕는 '홀로서기 위한 삶'에 관한 내용이라면, 후반부 6~10장은 '더불어서기 위한 삶'을 돕는 내용이다. 리더십, 공동체, 비전, 선교적 삶, 그리고 BAM과 같은 주제로 일터에서 동료들과 공동체에서, 하나님의 위대한 비전에 헌신하고 나아가 열방을 향한 삶을 도전하고 격려한다.

또 이 책을 하나로 묶어서 이해할 수 있다. 1장의 '일터와 세계관'은 이 책의 서론이며, 관문이다. 우리에게 세상과 우리의 삶과 일터를 바라보는 바른 관점을 제공한다. 우리가 오랫동안 쓰고 있던 왜곡된 안경을 벗겨내고, 성경이라는 새로운 안경을 갖게 해준다. 2장 '일터와 소명'부터 9장 '일터와 선교적 삶'까지는 본론적인 몸글이다. 그리고 10장의 '일터와 BAM'은 책의 결론이며, 앞선 모든 내용의 총화라고 할 수 있다.

'일터와 소명'의 장에서는 모든 이들을 향한 하나님의 소명을 정확하게 이해하고, 각 사람을 부르신 삶의 소명을 발견하도록 돕는다. 그리고 평생 그 소명을 따라 우리의 삶과 일터에서 일하며 그것을 이루며 살아가도록 격려한다. '일터와 문화'의 장에서는 우리가 경험하는 일터현장을 직시하고, 일터를 우리가 어떻게 새롭게 할 것인지, 개인적인 도전을 얻는 시간이다. 그리고 이어지는 '일터와 영성'의 장에서는 일터에서 우리가 어떻게 하나님 사랑, 이웃 사랑의 계명을 실천하며 일할 것인지, 지혜와 새 힘을 공급받는 시간이 될 것이다. '일터와 돈'의 장에서는 하나님께서 디자인하신 에덴의 경제를 정리한다. 오늘도 하나님께서 동일하게 경영하시는 우리 삶을 이해하고, 구체적인 적용과 실천을 위해 성경적 재정관리에 대해 배운다.

여기서 후반부는 더불어서기 위한 이야기로 들어간다. '일터와 리더십'의 장에서는 일터에 서있는 한 사람의 삶과 역학관계 속에서 미치는 영향력을 점검하고, 이를 위해 자신을 잘 관리하는 법과 또 이웃들과 더불어 살며 선한 영향력을 미치는 삶을 위한 지혜를 얻는 시간이다. '일터와 공동체'의 장에서는 공동체를 향한 하나님의 마음과 열심을 얻는 시간이다. 우리의 생애 동안 경험하는 가정과 교회 공동체와 더불어 인생의 멋진 일터 공동체를 세우는 꿈을 얻게 될 것이다. 그리고 이어지는 '일터와 비전'의 장에서는 우리의 인생의 비전을 새롭게 재점검하는 시간이다. 하나님의 시선이 나의 시선이 되고, 하나님의 비전이 나의 비전이 되는 시간이다. '일터와 선교적 삶'의 장에서는 결론적으로 선교의 하나님께서 나의 일생을 통해 내가 이루기를 원하시는 삶으로서 '나의 삶, 나의 선교'를 발견하도록 돕는다. 그리고 마지막으로 '일터와 BAM'의 장에서는 세계선교의 큰 흐름과 총체적 선교의 관점을 정확하게 이해하고 내 일생의 삶을 어떻게 살아갈 것인지 결단과 실행에 이르도록 안내할 것이다.

이 책은 워크북과 함께 활용할 때 더욱 충분한 효과를 기대할 수 있다. 교재와 함께 활용할 워크북은 다음과 같이 구성되었다.

구성에 대하여

워크북의 구성은 다음과 같은 4부분으로 이루어져 있다.

1. 정리를 위한 요약

각 장의 함축된 내용 요약이다. 천천히 읽으면서 다시 한번 교재에서 읽었던 전체 내용을 정리하도록 준비되었다. 반드시 교재의 내용을 먼저 읽어야 한다. 그렇지 않으면 요약으로는 내용을 소화하기 어렵기 때문이다.

2. 반추를 위한 인용

각 장마다 인용은 10개씩이다. 교재의 본문 내용 중에서 다시 곱씹어 볼 만한 핵심 문장을 뽑아 두었다. 그 뜻을 새기면서 읽자. 그러나 이 인용들은 실제로 본문의 내용 중에서 10개를 제한적으로 뽑았기 때문에, 혹시 충분히 그 뜻을 이해하지 못했다면 인용문 뒤에 있는 페이지를 참고하여 다시 돌아가서 인용 전후의 내용을 읽으며 새기는 것도 도움이 될 것이다.

3. 실행을 위한 질문

각 장마다 질문은 10개씩이다. 이 질문은 학습, 심화 그리고 실행을 위한 질문으로 구성되어 있다. 개인적으로 질문을 활용할 때 반드시 질문에 따라 나의 말로 내 생각을 적어 보아야 한다. 적어 보지 않으면 그 내용의 숙지를 위한 효과는 반감된다. 그 내용에 대한 숙고와 반추는 물론 어렵고,

실행은 더욱 불가능해질 것이다. 반드시 적어 보도록 권한다. 분명 워크북에 적어 본 내용들은 기록으로 남을 뿐만 아니라 오래 기억될 것이며, 소그룹 모임에서 함께 나누기에도 유용할 것이다.

4. 묵상을 위한 기도

각 장의 끝에 기도문을 준비했다. 교재의 내용과 워크북의 요약을 읽고, 질문을 통해 각 주제의 내용을 정리하게 되면, 마지막 기도문의 의미들이 새롭게 다가올 것이다. 이 기도문은 개인적 묵상으로, 또 소그룹에서 마무리 기도로도 활용할 수 있을 것이다.

활용에 대하여

교재 『일터, 하나님의 디자인』은 오늘 우리가 서있는 모든 삶과 일터에서 하나님의 백성으로서 선교적 삶을 살아가기를 원하는 모든 성도들을 위하여 쓰여졌다. 이 책은 본래 나우미션의 BAM 기초훈련인 일터 퍼스펙티브스 스쿨에서 사용하던 내용이다. 그러나 교재와 워크북을 통해 일터 퍼스펙티브스 훈련과 상관없이 누구든지 다양하게 활용할 수 있게 준비되었다. 이 책은 우리 모두의 삶을 돕고 우리를 일터에서 예수의 제자답게 살도록 무장시켜 줄 것이다.

소그룹 활용

이 책과 내용을 잘 이해하는 리더가 필요하다. 그리고 함께 읽고 토론하고 나눔을 할 3~10명 미만의 사람이면 된다. 참석자 모두는 시간의 헌신이 필요하다. 모임을 위해 필요한 최소 10주간, 혹은 10회의 시간을 약속하고 정한 시간과 장소에 모일 것을 서로 확인해야 한다. 그리고 그 다음은 과제 수행에 대한 의무다. 교재의 각 장은 약 30쪽 내외의 분량이다. 읽는 시간은 사람에 따라 다르겠지만 30~40분이면 충분하다. 그리고 워크북의 요약과 인용 글을 읽고, 질문을 작성하는 시간은 넉넉히 1시간 정도 소요된다. 모두 1시간 반 정도의 시간과 과제수행의 의무다. 모임의 리더는 모임을 기도로 시작한 후에 먼저 돌아가면서 한 문단씩 천천히 읽으며 다시 각 장의 내용을 되새기고, 질문을 하나씩 풀어가면서 토의와 나눔을 이끌어

가면 된다. 이 때 리더는 각 장의 주제에서 벗어나지 않도록 세계관, 소명, 영성 등 10개의 키워드를 중심으로 그 의미를 상기시키며 토의와 나눔을 진행해야 한다. 소그룹 모임에서 실제적인 책 나눔은 1~1시간 30분 정도, 먼저 만나서 식사 혹은 간식을 먹으며 교제하는 1시간 정도를 포함하여, 전체 모임은 2시간 30분을 넘지 않도록 하는 것이 좋다. 조금 아쉬운 듯해도 다음 모임에 대한 기대감이 더하게 된다.

이 교재와 워크북을 사용하여 지역교회, 학교와 회사 등 다양한 곳에서 일터 퍼스펙티브스 훈련, 북클럽 그리고 작은 책 나눔 모임 등이 시작되면서 우리들의 일터에서 삶의 의미와 기쁨은 살아나고, 일상을 살아갈 에너지와 힘을 얻게 될 것이다. 이 움직임들이 새로운 선교적 삶의 운동으로 들불처럼 번져가게 되길 기도한다.

차례

세 가지로

01

—

일터와
세계관

—

워크북

네 눈은 네 몸의 등불이다.

눈이 좋으면 너희 온몸도 밝을 것이다.

그러나 눈이 나쁘면 몸도 어두울 것이다.

그러므로 네 안에 있는 빛이 어둡지 않은가 보라.

눅 11:34~35 우리말성경

일터와
세계관

정리를 위한 요약

세 가지 노동관이 있다. 노동을 저주라고 여기는 저주설, 생존의 방편으로 여기는 방편설 그리고 신의 소명으로 여기는 소명설에 입각한 노동이다. 우리의 노동은 소명에 의한 노동이어야 한다. 바른 노동관은 그의 일생을 결정하기에 중요하다. 우리가 무엇을 하든지 평생 일하며 살고, 일을 통해 자신의 존재를 실현하기 때문이다. 우리는 우리의 일을 통해 신앙을 구현하며, 일터에서 의미 있는 선택과 결정을 통해 더 아름다운 세상을 만들어 간다. 우리는 하나님이 보내신 자리에서 하나님께서 명하신 일을 하며 산다. 우리가 하는 일을 통해 의롭고 더 나은 세상을 열망하는 것은 마땅하며, 일터에 선 우리의 의무요, 사명이다. 때로 그

AudioBook

분의 뜻에 순종하다 고난과 역경에 직면한다면 극복할 힘을 하늘로부터 구할 것이며, 고난이 크면 하늘의 상급도 크다 여기며 도리어 기뻐할 것이다.

세계관은 세상과 만물을 보는 관점이다. 성경적 세계관은 성경의 안경을 끼고 세상을 보는 것이다. 그러므로 우리는 성경적 세계관의 틀: 창조-타락-구속의 관점으로 세상을 이해한다. 우리는 삼위 하나님의 실존과 만물을 창조하시고 운행하심을 믿는다. 하나님은 만물을 다스리기 위하여 하나님의 형상인 사람과 창조언약을 맺으셨다. 그러므로 사람은 에덴에서 결혼, 노동과 안식의 명령을 순종하며 삶을 드려 예배했다. 그러나 인간은 하나님께 불순종함으로 타락하였고 하나님의 형상을 상실하고, 창조언약은 파괴되었다. 그러나 하나님은 온 세상의 구속을 위해 구주 예수님과 회복의 길을 계획하시고 우리 모든 삶의 판단과 기준인 성경을 계시하셨다. 이제 그리스도 안에서 우리의 결혼명령, 노동명령, 안식명령은 회복되었다.

우리는 바울의 세계관을 통해 회복된 인생관을 주목한다. 바울은 자신이 하나님께로부터 왔으며, 오늘 하나님에 의하여 살아가며, 장차 하나님께로 돌아갈 것을 믿는다. 그러므로 먹든지 마시든지 무엇을 하든지 오직 하나님의 영광을 위하여 살아야 한다고 고백한다. 인간의 노동은 창조 명령으로 하나님이 인간을 만드신 목적이며, 피조세계에 대한 하나님의 통치방법이었다. 비록 인간의 타락과 함께 일터인 땅에 대한 저주로 인해 인간의 노동은 수고와 고통을 수반하게 되었으나, 여전히 하나님께서 세상을 통치하시는 방법임에는 분명하다.

중세는 노동관이 왜곡된 시대였다. 플라톤 철학의 영향으로 성직자들의 일과 일반 신자들의 일을 구분하였고, 교회를 계급화하였다. 종교 개혁 시대에 개혁자들이 만인제사장설에 의해 만인이 사역자임을 주장하였지만, 오늘까지 교회는 여전히 비성경적인 성속이원론의 영향력 아래에 머물러 있다. 세상은 하나님이 지으시고 아름답다 하셨으며, 성속으로 분리될 수 없다. 또한 사람을 그의 하는 일로 차별화하거나 계급화할 수 없다. 우리의 신앙과 영성은 일상과 일터의 삶과 분리할 수 없다. 죄를 짓는 일이 아니라면 속된 일은 없다. 그러나 세속적 혼합주의는 경계해야 하며, 삶과 일터에서 불의와 타협하거나 용납하지 말아야 할 것이다.

바른 세계관과 노동관을 가진 그리스도인들은 일터에서 사명자로 산다. 일터는 하나님의 나라와 자신의 미래를 위해 꿈꾸는 비전의 현장이며, 하나님이 주신 은사들과 창의적 아이디어를 통해 재창조하는 자리다. 또한 부르심에 순종하는 순명의 삶과 이웃사랑을 실천하는 섬김의 자리이다. 우리가 행한 일에 대한 이 땅의 보상과 하늘의 상급이 약속된 보람과 성취를 맛보는 자리이며, 하나님과 그의 복음을 드러내며 그분의 나라를 확장하는 선교의 현장이다. 일은 하나님의 창조명령이며, 내 삶의 소명이다. 우리는 오늘도 우리의 일터에서 유일한 우리의 상전이신 하나님 한 분을 섬기며, 이웃사랑을 실천하며, 하나님 나라를 세운다.

반추를 위한 인용

바른 노동관이 필요하다. 우리는 무엇을 하든지 평생 일하며 살고, 일을 통해 자신의 존재를 실현한다. 믿음의 사람들은 그가 하는 일에 그의 신앙을 구현하며, 자신의 일터에서의 뜻을 가진 선택과 의미있는 결정을 통해 더 아름다운 세상을 만들어 간다. p.24~25

성경적 세계관은 성경을 우리의 절대적 기준으로 삼는 세계관이다. 그러므로 그리스도인들은 성경의 진리를 따라 산다. 성경에 의하여 삶의 모든 가치기준이 달라진다. 성경에 의하여 '나는 누구인가'라는 인간의 존재에 대한 질문과 '왜 사는가'와 같은 삶의 목적에 대한 질문 등 인생의 모든 질문들이 해결된다. p.27

인간은 하나님과의 사귐을 통해 새 힘과 넘치는 생명 에너지를 얻게 되고, 그 사귐을 통해 그의 책무인 만물을 온전히 다스리며, 궁극적으로 하나님께 기쁨과 영광을 돌리게 하셨다. p.29

우리의 '정복'과 '통치'는 하나님의 성품과 주권을 투영하고 반영하는 인간의 '거룩한 사명'이다. 우리의 노동은 창조주의 축복이며, 준엄한 하나님의 '창조명령'이다. 그러므로 일은 인간의 존재적 사명이다. p.30

하나님은 안식을 거룩하게 하셨지만 거룩한 쉼은 사라진 지가 오래다. 기독교인들마저도 참된 안식을 알지 못하고, 맛보지 못한 이들이 많다. 기독교적 가치를 담은 놀이 문화 하나가 없다 할 정도로, 기독교적 쉼의 문화가 요구된다. p.33

타락한 이후 노동은 우리에게 고통이 되었지만, 노동은 이제 당신의 역사로 초대하시는 모든 인간을 향한 하나님의 소명이고 축복이며 영광이다. 온 땅을 다스리고 정복하라는 창조명령은 문화명령과 대위임령과 함께 새롭게 갱신된다. p.35

　　우리의 일상과 일터의 모든 삶은 하나님의 영광을 위한 삶이다. 세상과 이웃을 향한 섬김과 사랑이며, 하나님을 향한 예배이다. 그러므로 우리들의 일터와 삶터에서의 모든 일상은 온 세상의 창조주와 주권자와 심판자이신 하나님을 드러내는 세상을 향한 메시지가 된다. 선교는 우리의 일상에서 드리는 예배의 삶으로부터 시작한다. p.37

　　진정한 우리 인생의 성공이란, 내가 선 일터에서 하나님이 나를 보내신 뜻을 이루며, 당신의 나라와 그 의를 구하며 영광스러운 사명을 성취하는 삶이다. p.42

　　일터는 비전의 현장이다. 자신이 일하는 일터를 오늘보다 내일이 더 복된 일터로 만들려고 하는 뚜렷한 비전과 소명이 있어야 한다. 나의 일터는 하나님께서 다만 우리로 먹고 살라고 보내신 현장이 아니라, 그 일터의 변화를 위해 나를 보내신 곳이다. p.43

일과 직업은 하나님의 부르심과 보내심에 사람이 응답하는 거룩한 수단이다. 모든 믿는 자들은 자신의 은사와 적성에 맞는 일과 직업을 선택하고, 소명을 따라 일해야 한다. 자신의 일과 직업에 대해 자긍심과 사명의식을 가져야 한다. 그 일과 일터를 통해 삶의 보람과 성취를 맛보며, 존재 가치와 의미를 재발견해야 한다. 우리의 일과 직업은 하나님의 나라를 세우는 사역이 된다. 그러므로 우리의 직업과 일터와 노동은 거룩하고 영원한 하나님의 나라의 일로써 우리의 사명이다. p.46

실행을 위한 질문

1. 채석장에서 일하는 석공들의 노동관을 보며 나는 어떤 노동관에 의해 살아왔는지 생각하고 적어보자. p.23

2. 세계관이란, 세상과 만물을 보는 눈이다. 나는 현재 어떤 관점으로 세상을 바라보고 인식하는지 적어보자. p.26

3. 세계관은 삶의 우선순위를 바꾸고 선명하게 한다. 나에게 있어서 상대적인 것과 절대적인 것, 버릴 것과 붙들 것, 일시적인 것과 영원한 것을 구별해서 정리해 보자. p.27

4. 하나님은 안식을 거룩하게 하셨지만 거룩한 쉼은 사라진 지가 오래다. 기독교인들마저도 참된 안식을 알지 못하고, 맛보지 못한 이들이 많다. 기독교적 가치를 담은 놀이문화 하나가 없다 할 정도로, 기독교적 쉼의 문화가 요구된다. 내가 속한 모임이나 관계에서 기독교적 놀이문화 또는 쉼의 문화는 무엇이 있는지 생각해 보자. p.33

5. 바울의 세계관을 로마서 11장 36절 말씀에 근거하여 세 가지 차원으로 정리해 보자. p.36

6. 우리의 일상과 일터의 모든 삶은 하나님의 영광을 위한 삶이다. 나의 일상과 일터의 삶에서 내가 생각하는 예배와 선교는 무엇인가? p.37

7. 우리 삶에는 알게 모르게 성속이원론이 깊이 뿌리를 내리고 있다. 내 삶에 존재하는 성속이원론에 의한 생각과 생활들이 있다면 적어보자. p.39

8. 우리가 일원론을 말할 때 세속적 혼합주의는 경계해야 한다. 교회, 사역, 선교라는 이름 안에서 우리가 거룩한 일을 세속적 방식으로 시도한 적은 없는지 돌아보고 개선점을 적어보자. p.41

9. 우리가 보내심을 받은 자리에서 그분의 뜻을 수종들며 섬기는 모든 일은 거룩한 일이며, 주를 섬기는 우리의 모든 직업은 성직이다. 나의 직업이 성직임을 고백해 보자. p.42

10. 이 책에서는 일터를 6가지 현장으로 정리했다(비전, 재창조, 순명, 섬김, 보람, 선교). 나의 일터는 어떤 현장인가? p.43

묵상을 위한 기도

하늘에 계신 우리 아버지 하나님, 아버지의 이름을 높여 드립니다.

오늘도 십자가의 언약 안에서 결코 끊을 수 없는

하나님의 온전한 사랑 앞에 나아갑니다.

그 사랑이 아버지께로부터 오는 평강 안에서

저의 마음과 삶을 온전히 채우시고 주장하시며,

시시 각각 찾아오는 거짓과 탐욕과 우상의 권세로부터 지켜 주소서.

오늘도 제가 하는 모든 일들이 아버지께

신령과 진정으로 드리는 예배가 되게 하소서. 작은 일에도 주께 하듯 하게 하시고,

제가 있는 곳에서 주님처럼 창조하고

다스리는 기쁨과 영광을 맛보고 누리게 하시며,

저의 수고를 통하여 제가 속한 이 곳에 하나님의 복이

다른 사람들에게 흘러가게 하소서. 오늘도 저의 삶이 제가 만나는 사람들에게

주님의 향기와 복음의 증거가 되게 하소서.

이해관계를 넘어서서 그들의 영혼을 귀히 여기고

섬기며 겸손히 동행하게 하시고, 연약한 사람들과 저를 이용하려는

악한 사람들에게도 친절과 도움을 줄 수 있는 힘을 주시며,

제 안에 있는 소망에 대하여 알고 싶어하는 사람들에게

복음을 나눌 수 있는 은혜를 주옵소서. 아멘

- 서명구, 「주기도문으로 드리는 BAMer의 기도 1」, 서명구 교수 페이스북 -

세계관 소영 ✏️

일터와
소명

워크북

그때 주께서 그에게 말씀하셨습니다.

네 신을 벗어라. 네가 서 있는 곳은 거룩한 땅이다.

행 7:33 우리말성경

일터와
소명

정리를 위한 요약

하나님은 일하시는 하나님이시다. 성경의 첫 선언은 하나님의 실존과 그가 행하신 일에 대한 선언이다. "태초에 하나님이 천지를 창조하시니라"(창1:1). 하나님은 당신이 만드신 온 세상을 다스리기 위하여 일하시는 당신을 닮은 인간을 창조하셨다. 그러므로 인간의 일은 존재의 본질이며, 존재적 소명이다. 사람은 하나님이 목적하신 일(아보다)을 위하여 지어졌음을 기억해야 한다. 또한 일은 원형적 예배다. 타락 이전에 예배라는 단어는 우리의 일상과 일터로부터 따로 존재하지 않았다. 하나님께서 인간을 창조하신 후에 우리와 맺으신 창조명령 안에 예배가 존재한다. 최초의 일터인 에덴에서 아담과 하와가 하나님의 명하신 바를 행

AudioBook

하며 하나님을 섬기며 살아가는 모든 일과 삶은 하나님을 향한 예배였다.

소명은 하나님의 은혜와 섭리의 부르심이다. 하나님께서 우리를 영원한 사망과 저주와 흑암 가운데서 불러내어 그의 백성으로 삼으시고 또 우리를 이 세상 가운데서 하나님의 계획과 목적하신 일을 위하여 살도록 부르신 하나님의 주권적인 행위이다. 그러므로 소명은 두 단계로 구분할 수 있다. 먼저는 죄로부터 '구원을 위한 부르심(하나님에게로의 소명)'이며, 다음은 '거룩한 삶을 위한 부르심', 즉 하나님과 그의 나라를 세우는 '사명을 위한 부르심(하나님을 위하여의 소명)'이다. 하나님의 소명은 두 가지에 의하여 확인된다. 하나는 개인적이며 주관적이며 체험적인 자기 확신을 의미하는 내적소명이며, 하나는 공동체를 통해 드러나는 외적증거와 열매들에 의한 객관적이며 합리적인 외적소명이다. 이 둘은 우리의 소명을 확인하는 일에 상호 보완적이다.

우리는 하나님께서 경영하시는 일생에 하나님의 부르심을 따라 살기 위하여 먼저 자신을 향한 하나님의 부르심을 확인하는 일이 필요하다. 우리의 일과 직업은 하나님의 부르심에 대한 응답이며, 우리의 일터는 하나님의 부르심의 자리여야 한다. 무엇보다 먼저 하나님의 인도하심을 구하며 기도해야 한다. 그리고 자신의 은사, 재능, 진로, 직업, 사명을 하나씩 확인하는 과정이 필요하다. 그 과정에서 내 일상의 관심들에서부터 출발하여, 나아가 이웃의 필요 그리고 나를 향한 하나님의 소원을 묵상하고, 하나님의 나라의 영원한 가치를 생각하는 과정에서 자연스럽게 하나님께서 나를 부르신 일들을 발견하게 된다.

우리는 하나님의 부르심을 깨닫게 될 때 내 인생의 존재 의미를 갖는다. 새로운 삶을 시작할 수 있다. 소명은 하나님의 주권에 속한 것이며 높고 낮은 것이 없다. 수평적이며 절대적이다. 우리는 하나님께서 각각 자신을 부르신 부르심을 따라 사는 것이다. 우리가 부르심을 따라 살면, 하나님을 위한 삶만 있고 내 삶은 없는 것이 아니다. 우리의 궁극적인 존재 이유인 하나님의 영광을 위하여 살아갈 때 진정한 나의 존재 의미를 성취하게 된다. 우리의 부르심이 확인된다면 그일을 위해 준비하고 헌신해야 할 것이다. 하나님은 우리에게 그 일을 향한 자원하는 마음을 주시며 그 부르심을 성취하실 때까지 일생동안 동행해 주심과 무엇과도 비교할 수 없는 영광스러운 보상을 약속하신다.

우리는 우리의 믿음의 주시며 우리 삶의 본이 되신 예수님의 삶을 묵상한다. 예수님은 오로지 아버지께서 당신을 이 땅에 보내신 소명을 위하여 일생을 사셨다. 우리가 모두 그리 살도록 당신의 기도를 가르쳐 주셨고, 당신의 기도를 이루기 위해 죽음의 순간까지 모범을 보여주셨다. 우리도 각자의 삶의 자리에서 나의 명성을 구하던 삶을 내려놓고 하나님의 이름을 높이며, 나의 세계를 만들려고 하던 야망을 내려놓고, 하나님 나라의 비전을 가지고, 나의 뜻을 내려놓고 하나님의 뜻이 이루어지기를 구하는 삶을 살아가야 할 것이다. 우리가 일에 대한 세계관이 바뀌고, 일에 대한 소명을 확인하게 된다면 우리의 삶은 완전히 새로운 삶이 될 것이다.

반추를 위한 인용

하나님은 우리에게 당신의 모습을 계시한다. 바로 살아 계시며 온 세상을 창조하신 하나님이시다. 성경에서 하나님의 첫 존재 계시는 실존하시며, 일하시는 하나님의 모습이다. 하나님은 일을 계획하시며, 그 계획을 따라 일하신다. 당신의 힘과 지혜를 사용하여 성실하게 일하신다. 무에서 유를, 온 우주와 천지와 만물을 창조하신다. p.52

일하시는 하나님은 당신을 닮은 일하는 인간을 지으신

것이다. 일하는 사람은 하나님을 닮았다. 일하는 사람은 '하나님의 형상(Imago Dei)'이다. 일은 인간존재의 본질적 가치다. p.53

원형적 예배는 결코 우리들의 삶과 일과 분리되지 않는다. 예배는 우리의 삶이었다. 원형적 예배는 인간의 삶으로 드리는 것이었다. 우리의 일터와 삶터에서 드리는 하나님을 향한 우리의 모든 경외의 삶이 바로 예배였던 것이다. p.55

우리는 '일함(아보다)'으로 하나님의 창조세계를 사랑하며 돌보며 더욱 아름답고 풍요롭게 하고, 우리는 '일함(아보다)'으로 하나님의 아름다우심을 드러내고, 우리는 '일함(아보다)'으로 하나님을 예배하고, 우리는 '일함(아보다)'으로 하나님께 영광을 돌린다. 그러므로 우리는 '일함(아보다)'으로 하나님의 영광을 드러내고 그분의 아름다우심을 세상에 전하는 것이다. p.56

성경의 부르심은 두 단계로 구분해 볼 수 있다. 먼저 하나님은 하나님의 백성이 아닌 자 들을 당신의 백성으로 삼으시고, 죄와 죽음과 어둠에서 생명과 영광의 기이한 빛으로 부르셨다. 이는 '구원으로의 부르심'과 그리스도인의 '거

룩한 삶으로의 부르심'이다. 이는 또한 '그리스도와 사귐으로의 부르심'이다. p.57

일과 직업의 소명은 원칙적으로 우리가 그 직업을 선택한다는 말이 아니다. 하나님께서 우리를 선택하시고, 하나님의 부르심과 보내심에 의하여 우리가 그 일을 선택하는 것이다. 그런데 아직 하나님께서 우리를 부르신 소명을 알지 못한다면, 우리는 어떻게 하나님의 부르심을 알 수 있는가. 우리가 자세히 주의하여 귀를 기울여 우리 삶에 개입하시는 그분의 부르심을 들어야 한다. 이미 하나님은 우리 인생을 경영하고 계신다. p.60

먼저 그 일을 소명으로 여겨라. 그 일이 평생의 소명이 아니라 할지라도 주께서 지금 나를 그곳에 두신 뜻을 헤아려 일하라는 말이다. 바로 현재를 소중하게 여기는 태도다. 혹 그 일이 내가 드려야 할 인생의 한 때를 위한 소명, 그날의 소명일 수 있으니 말이다. 그리고 사랑으로 일하라. 주께서 나를 두신 뜻을 헤아려 주신 일을 사랑하려고 애쓰는 것이다. 또한 그 일을 통해 사랑하는 법을 배우는 것이다. p.63

우리는 하나님의 부르심에 의하여 우리의 존재 의미를 갖는다. 그의 부르심에 의하여 존재 목적을 발견하며, 부르

심을 알기 전의 내가 아니라 새로운 존재가 된다. p.65

우리가 하나님을 위한 삶을 산다는 말은 우리의 자아성취와 무관하지 않다. 다만 그것을 목적하지 않을 뿐이다. 하나님을 위한 추구의 결과는 어느날 자신의 삶에 더없는 영광임을 보게 될 것이다. 그리고 돌아보면, 자신의 꿈이 이루어져 자아성취는 물론, 진정 성공한 인생을 살았음을 깨닫게 된다. p.66

일에 대한 세계관의 변화는 내 눈의 회심이며, 일에 대한 소명은 내 삶의 회심이다. p.70

실행을 위한 질문

1. 노인의 탄식은 소명을 발견하지 못한 삶의 결과였다. 나는 나의 소명을 따라 살고 있는가? p.52

2. 내가 경험한 예배와 새롭게 알게 된 예배를 비교해서 정리해 보자. p.54

3. 아래의 문장에 나의 이름을 넣어 고백해 보자. p.56

나 _____은/는 일함(아보다)으로 하나님의 창조세계를 사랑하며 돌보며 더욱 아름답고 풍요롭게 하고, 하나님의 아름다우심을 드러내고, _____은/는 일함으로 하나님을 예배하고, 하나님께 영광을 돌린다. _____은/는 하나님의 영광을 드러내고 그분의 아름다우심을 세상에 전한다.

4. 내적소명, 외적소명을 통해 나의 소명을 생각하고 적어보자. 필요하다면 공동체의 리더나 멘토의 조언을 구해보자. p.59

5. 이 책에서 5가지 요소(은사, 재능, 진로, 직업, 사명)를 통해 내 삶을 살펴보고 나의 소명을 다시 한번 점검해 보자. p.60

6. 내가 발견한 소명을 4가지 나의 관심, 이웃의 필요, 하나님의 소원, 영원한 가치에 대해 적어보자. p.61

7. 내가 지금 하고 있는 일이나 일터에서 적성에 맞지 않는다고 생각될 때 이 책의 조언을 따라 나는 어떻게 할 것인가? p.63

8. '부르심의 내용'에서 나에게 적용이 되는 부르심의 의미들과 도전이 되는 부분들을 생각해 보고 적어보자. p.65

9. 나의 직업선택의 동기에는 야망이 자리 잡고 있는가? 내 직업선택의 동기를 생각해 보자. p.66

10. 주님의 기도는 당신의 일생을 통해 드렸던 기도이며, 주님의 삶이었다. 당신은 평생 그 기도처럼 사셨으며 또한 그 기도처럼 죽으셨다. 나는 어떤 기도를 가지고 어떤 기도로 일하는가? p.69

묵상을 위한 기도

주님, 저는 더 이상 저의 것이 아니라 주님의 것입니다.

주님의 뜻 가운데, 주님 원하시는 곳에 저를 두소서.

수고의 자리에도 두시고, 고난의 자리에도 두소서.

주님께서 원하시는 대로

사용하시기도 하시고, 물리치기도 하소서.

높이시려거든 높이시고, 낮추시려거든 낮추소서.

저를 채우기도 하시고, 비우기도 하소서.

모든 것을 가지게도 하시고, 모든 것을 가져가기도 하소서.

주님의 기쁨을 위해 기꺼이 마음 다해

모든 것을 주님 손에 내어놓습니다.

영광스럽고 복되신 성부, 성자, 성령 하나님,

주님은 저의 것이며, 저는 주님의 것입니다.

그렇게 되게 하소서.

제가 이 땅에서 맺은 언약이 하늘에서도 맺어지게 하소서. 아멘.

- 요한 웨슬레, 「언약기도」 -

세계관 소멸 문화 ✏️

03

일터와
문화

워크북

모든 것은 하나님께로부터 왔습니다.

하나님은 그리스도를 통해서 우리를 그분과 화목하게 하시고

또한 우리에게 화목하게 하는 직분을 맡겨 주셨습니다.

고후 5:18 우리말성경

일터와
문화

정리를 위한 요약

성경에 등장하는 첫 일터는 에덴이다. 우리는 에덴에서 우리들의 일터문화 원형을 발견할 수 있다. 일터에는 4가지 요소 일하는 사람, 일하는 내용, 일하는 목적, 일하는 환경이 있다. 에덴의 최초의 일꾼은 아담과 하와였다. 좋은 일터문화를 위하여 일하는 사람이 누군인가는 결정적이다. 일하는 내용은 에덴을 다스리는 일이다. 그 목적은 복된 에덴을 유지하고, 더욱 부요하게 하며, 궁극적으로 하나님께 영광을 드리는 것이다. 에덴은 하나님이 당신의 일꾼들을 위해 만드신 동산으로, 완전한 안전과 공급은 물론이고 당신의 명하신 일들을 수행할 수 있는 모든 조건이 갖춰진 복되고 완전한 일터였다. 하나님은 에덴의 안식을 창조

AudioBook

언약의 내용으로 명시하셨고, 이후에 이스라엘에게는 율법의 계명, 절기와 제도를 통해서 보장하셨다.

오늘날 우리는 다양한 일터에서 일한다. 나라와 민족과 지역 또 그 일과 직종에 따라 일터의 다양함은 천차만별이며, 그 환경과 문화도 그러하다. 그럼에도 불구하고 우리가 동일하게 경험하는 현장은 완전한 첫 일터 에덴의 모습은 찾아볼 수 없고 한결같이 불완전하다. 특별히 국내의 일터 문화는 저개발국가들과 비교한다면 상대적으로 좋은 환경을 가지고 있지만, OECD 국가에서는 최하위에 꼽힌다. 여전히 수직적인 군대문화, 형식주의, 학벌주의, 남성중심의 유교문화, 개선되어야 할 회식문화, 갖은 불법과 탈법, 묵은 관행들로 굳어진 부당한 업무환경, 지연, 학연 등으로 왜곡된 관계문화, 낮은 보상과 착취적 구조의 일터복지 등은 개선과 회복이 필요한 내용이다. 그중에서도 우리의 일터에서 가장 시급하게 회복되어야 하는 근본적 가치는 인간존엄의 회복이다. 사람은 일하는 도구가 아니기 때문이다. 우리는 열악한 일터에서도 생존을 넘어 영향력이 되었던 성경의 모범을 보며 용기와 지혜를 얻는다.

성경에는 다양한 일터와 많은 일터의 사람들이 소개된다. 야곱의 일터는 오늘의 일터 만큼 심각하다. 성공을 위한 그의 집념과 추구는 원수를 만들고, 멀리 타국으로 도망쳐야 했다. 피해간 친족의 집에서 악덕 고용주인 외삼촌의 거짓과 사탕발림으로 계속 번복되는 고용계약에도 야곱은 사랑의 힘으로 인내하며, 늘 그의 하나님을 바라본다. 하늘 주인의 공의로운 보상을 굳게 믿었으며, 하나님의 때를 소망하며 이겨낸다. 야곱의 아들 요셉의 일터도 그의 아버지의 삶과 비견될 만하다. 그는 첫 일터에서 남다른 명석함을 지녔지만, 약점은 노출되고, 동료 형제들의 시기와 미움의 대상이 되어 실패한다. 팔려 간 타국에서 바닥부터 다시 시작하지만 생명처럼 여기는 거룩함과 타고난 성실과 정직함으로 주인의 총애를 받고 그의 재능은 빛을 발한다. 시기 때문에 노예로 팔리고, 모함으로 감옥에 들어가고, 사람들의 기억에서 잊혀도 끝내 하나님의 약속을 믿고 꿈을 포기하지 않았고, 성실과 거룩한 삶은 성공의 비결이 되었다. 다니엘은 남다른 출신 배경과 높은 학력을 가졌지만, 고난은 비켜 가지 않는다. 그러나 포로로 잡혀간 땅에서도 환경을 탓하지 않고 한결같은 자기관리와 경건을 지켜간다. 왕의 총애를 받은 만큼 정적들의 공격좌표가 되었고, 생명의 위협을 받는다. 그러나 하나님을 향한 기도, 친구들의 중보, 지혜로운 문제해결 능력은 위기를 전화위복의 기회로 승화시켜낸다.

우리는 현실적인 일터문화의 한계에도 불구하고, 성경의 모범들을 보면서 생존과 변혁을 위한 7가지 원리를 정리해 본다. 먼저는 일터에서 생존이다. 그 원칙은 두 가지다. 먼저 크고 거룩한 비전을 잠시 내려놓는 것이다. 일터에서 살아남아야 한다. 그리고 정착이다. 교회와 일터를 오가며 신앙과 일터에서의 삶의 균형을 유지하는 법을 훈련하는 것이다. 그리고 누구와도 비교하지 말고 나로서의 장점을 극대화하고 직무 전문성과 탁월성을 노력하여 드러내야 한다. 그리고 자기 역량과 위치가 생겨났을 때 변혁을 위한 삶을 시작해야 한다. 경계선에서 싸우는 법을 배워야 한다. 그리고 워룸에서 먼저 이겨야 한다. 포기하거나 낙심하지 말고 하나님 나라의 상상력으로 꿈꾸어야 한다.

반추를 위한 인용

성경에 등장하는 첫 일터는 에덴이다. 하나님은 우리를 일하는 사람으로 지으시고, 우리에게 에덴이라는 꿈의 일터를 주셨다. 그리고 그곳에서 일하라 명하셨다. p.77

최초의 일터에는 사람들이 하나님의 명하신 일을 수행할 수 있는 모든 조건이 구비되어 있었다. 일의 재료가 완벽

했다. 마음껏 그들의 재능과 열정을 발휘할 수 있도록 준비되어 있었다. 그들의 모든 생각들은 존중 되었고, 모든 기회들은 제공되었다. 아마도 기후와 날씨는 물론이고 매일 시원한 산과 강에서 바람이 불어오고, 동산에는 일하기에 가장 쾌적한 온도를 유지하고 있었고, 계절의 변화로 인해 그들의 창의성은 더욱 고양되고, 그들의 수고에 마땅한 열매와 보상을 얻을 수 있는 환경이었을 것이다. 매일의 일상이 새로운 날이었다. p.80

실제로 안식계명은 우리 인간을 위한 안식보장법이다. 그러나 하나님은 우리의 안식을 지켜주기 위해 우리가 안식일을 기억하여 지키는 일을 당신 존재에 대한 경외함을 의미하는 법들의 하나로 여기신다. 창조주 하나님께서 인간에게 주신 일터환경에는 노동과 함께 안식이 완벽하게 보장되었다. p.81

하나님께서 우리와 함께 계시고 우리와 함께 일하시기 때문이다. 우리는 이것을 믿는다. 사람의 일은 그야말로 총체적이고 전인적이다. 정신노동은 물론이고, 육체적 노동도 결코 육체만의 것이 아니다. 일은 예배가 된다고 했다. 그러므로 일은 육체적인 것이며 또한 영적인 것이다. p.82

오늘날 창조원형이 깨어진 노동현장에서 노사를 가릴 것 없이 반드시 기억해야 하는 것은 우리 모두 하나님이 지으신 존귀한 사람들이라는 것이다. p.85

야곱은 성경에 기록된 최초의 직장인이며, 이주노동자였다. p.86

우리의 인생에는 결코 우연이란 없다. 하나님의 섭리하심을 따라, 허락하신 모든 환경은 합력하여 선을 이룬다. 죄 없이 무고히 당하는 고난에는 하나님을 신뢰함으로 기뻐하며 감내할 것이다. p.90

교회는 내가 어디에 있는지를 깨닫게 한다. 일터는 깨달은 삶을 다시 적용하는 현장이다. 교회를 멀리하면 일터가 좀 더 가까워질 것 같지만, 일터는 물론이고 내 삶 전체를 실패하게 된다. 교회와 일터를 오가야 한다. 기준점을 잡고 균형을 잃어 버리지 않게 될 것이다. 이것이 승리의 비결이다. p.94

자신의 장점과 은사를 활용하여 맡겨진 자리에서 직무의 탁월성을 드러내야 한다. 누구보다 탁월해야 한다면 이를 위해 자신을 발전시켜야 한다. 끊임없이 탐색하고, 공부

하고, 연습하고, 반복하며 자신을 개발해야 한다. p.94

　가정과 일터 사이에 교회, 기도의 워룸이 필요하다. 우리의 상황은 무엇보다 이 워룸에서 이기고 있는지 물어야한다. 기도를 부탁하라. 동료들과 연대해서 함께하며 함께일하고, 함께 사랑하며, 함께 싸우고, 함께 건설해야 한다.
p.96

1. 하나님께서 디자인하신 원형적 첫 일터 에덴의 4가지 요소는 무엇인
   가? 일터의 4가지 요소 중 일하는 사람은 결정적이다. 일터에서 나는 어
   떤 사람인가? p.78

2. 일하는 내용은 에덴을 다스리는 일이다. 일터에서 일하는 내용과 가치
   는 중요하다. 내가 하고 있는 일의 가치를 생각해 보고 적어보자. p.78

3. 일하는 목적은 복된 에덴을 유지하고, 더욱 부요하게 하며, 궁극적으로
   하나님께 영광을 드리는 것이다. 일터에 선 우리는 우리의 일하는 목적
   을 달리해야 한다. 그 목적에 따라 일의 과정과 결과는 완전히 달라진
   다. 나는 왜 일하는가? p.79

4. 최초의 일터환경은 일하는 사람에게 완전했다. 인간에게 주신 일터환경에는 노동과 함께 안식이 완벽하게 보장되었다. 나의 일터환경은 어떠한가? p.80

5. 우리가 일하는 이 땅의 일터는 결코 완전할 수 없다. 우리가 꿈꾸는 일터는 어떤 곳인가? 우리가 경험한 일터환경들은 어떤 곳이었는가? 나는 그곳에서 무엇을 깨달았는가? p.83

6. 오늘날 창조원형이 깨어진 노동현장에서 우리가 회복해야 할 3가지 요소를 찾아보자. p.85

7. 일터와 성경의 사람들 중에 내게 도전이 되는 3가지를 적어보자. p.86

8. '생존과 변혁을 위한 7가지 원리'는 3개의 카테고리 생존, 정착, 변혁으로 나누어 진다. 생존의 시간 동안 내가 선택해야 할 전략은 무엇인가? p.93

9. 정착의 시간동안 내가 선택해야 할 전략은 무엇인가? p.94

10. 변혁의 시간 동안 내가 선택해야 할 전략은 무엇인가? p.95

묵상을 위한 기도

우리를 사랑의 마중물로 써 주소서

기도를 모아 눈물을 모아 이 땅에 부으소서

우리를 부흥의 마중물로 써 주소서

생명의 비를 은혜의 비를 이 땅에 베풀어 주소서

우리를 부흥의 마중물로 써 주소서

생명의 비를 은혜의 비를 이 땅에 베풀어 주소서

내 곁에 지극히 작은 한 사람

내 안에 지극히 작은 일 하나

나 충성되이 섬기며 주를 예배하리라

이 땅에 지극히 작은 싹 트고

이 땅에 지극히 작은 꽃 피어

주 열매 맺게 하시리 주의 계절 오리라

마중하리라 주님 찾은 영혼들 함께 어깨동무 하리라

마중하리라 다시 오실 주님을 함께 잔치하리라

이 땅에 수없이 많은 싹 트고

이 땅에 수없이 많은 꽃 피어

주 열매 맺게 하시리 주님 곧 오시리라

- 마창선, 「마중물」 -

세계관 소명 문화 영성✏

04

一

일터와
영성

一

워크북

무슨 일을 하든지 사람에게 하듯 하지 말고

주께 하듯 마음을 다해 하십시오.

이는 여러분이 주께 유업의 상을 받을 줄을 알기 때문입니다.

여러분이 섬기는 분은 주 그리스도이십니다.

골 3:23~24 우리말성경

일터와
영성

정리를 위한 요약

일터는 하나님과 함께 일하는 곳이다. 태초의 일터 에덴은 아담과 하와가 하나님과 함께 동행하며 사랑하며 일하며 더불어 살아가던 곳이다. 그러나 오늘 우리의 일터는 생존을 위한 약육강식, 목적을 위해 거짓과 폭력이 난무하는 치열한 무한경쟁의 장이다. 하나님의 법을 따라 살아가는 우리들에게는 참으로 어려운 장임에 분명하다. 그러나 우리를 일터로 보내신 그분의 뜻을 기억하면, 우리는 수동적이거나 소극적인 혹은 부정적이고 패배적인 태도에서 벗어나야 한다. 일터에 선 나를 점검하고 하나님과 동행하는 법을 배우며 일터의 삶을 다시 세우는 일이 필요하다.

AudioBook

우리는 하나님의 형상이며, 영적인 존재다. 영적존재인 다른 이들과 관계를 맺으며 우리에게 부여된 소명을 위해 일생 일하며 산다. 그러므로 인간의 영성은 존재적이며, 관계적이며 또한 사역적이다. 우리가 하나님과의 바른 관계 안에서 그분의 선하고 아름다우심을 당신이 지으신 세상에 투영하고 반영할 때 피조세계는 더욱 부요해지고 더욱 아름다운 세상이 될 것이다. 우리는 하나님께서 첫 일터 에덴에 세우신 3가지 영성의 원리를 기억해야 한다. 하나님께서 만유의 주재시며 우리 삶의 주인이심을 인정하는 주되심(Lordship), 우리가 주께서 맡기신 일을 돌보는 청지기임을 잊지 않는 태도인 관리함(Stewardship), 주께서 더불어 살게 하신 이들과 사랑하며 일하며 사는 동역함(Partnership)의 원리를 따라 일해야 한다. 일터의 주인이 망각될 때 파경은 시작된다. 그 결과 인간에게 부여된 권한은 남용되고 자만하고 허망한 삶을 꿈꾸게 되며, 인간은 연합하여 주께 반역을 도모하게 된다.

첫 에덴의 실패에서 배우는 일터를 허무는 세 가지가 있다. 먼저는 우리에게 의심과 거짓을 불어넣는 원수의 미혹이다. 하나님과 그분의 동행을 의심하게 한다. 또 불신과 야망을 품게하는 우리들 마음의 탐욕이다. 그리고 동료들과의 동역의 실패다. 최초의 일꾼들은 함께 불법을 행하다 함께 망했다. 일터에서 영성관리에 실패하면, 우리는 소명을 잃고, 건강도 잃고, 주변의 사람도 잃게 된다. 우리를 도우시는 하나님과 그 능력을 잃게 되며, 하나님을 섬기는 자리임을 망각하니 예배를 잃게 되고, 일터로 보내신 그 뜻을 따라 사랑하며 섬길 기회와 성실한 자에게 약속된 보상과 영광마저 다 잃게 된다. 일터영성의 원리들을 따라 경성하여 일터에서 승리할 때 참 인생 성공자가 된다.

성경 속 일터영성의 교훈을 담은 두 이야기를 묵상한다. 바벨 공동체와 이삭 공동체의 이야기다. 시날 평지 위의 바벨 공동체와 그들의 일터영성은 배반과 거역이었다. 그들이 위대한 문명을 건설하려던 목적은 '탑 꼭대기를 하늘에 닿게 하겠다'는 하나님에 대한 반역과 도전, '그들의 이름을 내겠다'는 인간의 자만과 과신, '흩어지지 말자'는 하나님의 뜻을 거스르는 허망한 결의였다. 그들의 뒤틀린 영성은 실패와 심판으로 끝났다. 그러나 흉년 중에 이삭의 공동체는 하나님을 절대 신뢰하며 고난의 시간을 이겨낸다. 하나님 나라의 법을 붙들고 양보하고 뒤로 물러가며 모두가 함께 사는 세상을 만들었다. 결국 이삭과 함께하시는 하나님의 사심은 대적들의 두려움과 신앙고백이 되었다.

일터에는 전문성과 경건성, 이 둘 모두 필요하다. 참된 영성은 바로 전문성과 경건성의 통합이다. 이제 일터에서 전문성으로 일하며 또한 경건성으로 일하자. 일터에서 하나님과 함께 일하는 법을 배우며 훈련하자. 먼저 일터에서 만나는 사람, 해야할 일들, 직면한 문제, 꿈꾸는 목표를 하나님께 구하자. 일하면서 기도하자. 출퇴근 길에, 식사기도 때도, 업무 중에도 자주 짧게 하나님의 도우심을 구하며 성령으로 기도하자. 그리고 하나님을 기대하자. 말씀과 기도 시간은 물론이고, 직면한 문제에 대한 정직한 통찰을 통해, 회의 중에도 하나님을 기대하자. 또 환경과 사람을 통해 말씀하시고, 심지어 우리가 하는 일을 멈추는 순간에도 여전히 일하실 하나님을 기대하자.

반추를 위한 인용

일터는 하나님과 함께 일하는 곳이다. 마치 태초의 에덴에서의 일상처럼 사는 삶을 생각한다. 우리의 일상영성에 의하여 일상예배, 일상선교가 가능하다. 우리가 어떤 곳에서, 우리의 직종과 가진 지위가 무엇이냐에 상관없이 우리가 어떤 영성으로 일하느냐에 의하여 우리가 하는 일은 가장 세속적인 것이 될 수도 있고 가장 거룩한 것이 될 수도 있다. p.103

영성은 일터에 선 우리들의 삶을 새롭게 하고, 온전하게 하며, 거룩하게 하고, 강력한 힘을 공급한다. 평범한 일터에서 매 순간 하나님을 발견하며, 이웃사랑을 실천하고, 무슨 일을 하든지 주께 하듯 섬길 때 우리의 일은 하나님을 향한 예배가 되고, 일터는 성소가 되고, 직업은 성직이 된다. p.103

사람은 하나님의 호흡을 가진 존재이다. 하나님은 그 코에 생기를 불어 넣으심으로 사람은 하나님의 생명을 가진 생령이 되었다. 사람은 영적인 존재로서 하나님을 닮았다. p.104

첫 일터에서 인간의 실패는 전문성의 실패가 아니었다. 오히려 영성을 관리하는 일에 실패했다. 창조주께서 정하신 에덴의 규범과 말씀을 가볍게 여겼다. 이는 창조주께서 만드신 일터에 대한 디자인이며, 일터영성의 기초요 원리이다. p.107

사람은 자신의 일터에서 최고가 되고자 했다. 하나님의 '주되심'을 버리고 스스로 주가 되고, 하나님 보다 높아지려고 했다. 이는 가장 사랑하는 자를 향한 배신이었으며, 가장 충성된 자들의 반역이었다. 하나님의 일터, 에덴의 첫 일꾼

들은 이렇게 실패했다. p.108

　일터의 동료가 소중한 사람으로 보이지 않고, 다만 경쟁
자로, 심지어 적들로 바뀌게 된다. 상관은 강자로 보여 그
앞에서 아부하고, 뒤에선 뒷담화나 비판하는 자가 되고, 후
배는 약자로 보여 그들 앞에 폭군처럼 행동한다. 일터에서
과거의 정직과 성실과 신실함을 잃어버리니 따르던 사람
들도 돌아선다. 영성을 잃으면 사람도 잃는다. p.112

　우리가 불신앙과 타협하면 더 연명하고, 더 성공하고, 더
번영할 것처럼 생각하지만 완전한 착각이다. 하나님을 신
뢰하는 자리에서 떠나면 우리는 더 작아지고, 더 초라해지
고, 더 비겁해지고, 더 수치와 조롱의 대상이 된다. p.119

　우리는 다만 전문성을 위한 전문성, 탁월함을 위한 탁월
함을 추구하는 것이 아니다. 전문성을 가져야 하는 이유도,
탁월함을 추구하는 이유도 모두 하나님의 영광을 위한 것
이며, 우리가 섬기고 사랑해야 할 이웃의 유익을 구해야 하
기 때문이다. p.125

　출근하여 일터에서 기도하고 시작하라. 사무실 근무자
는 자신의 자리에 앉아서 첫 기도를 드릴 수 있고, 현장 근

무자는 환복을 하며 또 자신이 선 현장에서 잠시 묵도할 수 있다. 하루를 주님께 의탁하는 것이다. p.129

우리는 항상 기도할 수 있다. 쉬지 말고 기도할 수 있다. 우리 일터의 노동이 기도로, 우리의 일상의 삶이 기도가 될 때 가능하다. 일터의 영성은 바로 이런 일터와 삶터에서 일어나는 성속이 분리되지 않는 통전성을 말하는 것이며, 이런 온전함을 의미하는 것이다. p.133

1. 참된 일터영성은 일터 에덴을 만드신 하나님의 디자인 안에서 발견한
   다. 일터영성의 내용을 먼저 3가지 키워드로 정리해 보자. p.104

2. 일터영성의 3가지 원리(주되심, 관리함, 동역함)를 나의 말로 정리해 보자.
   p.105

주되심(Lordship)	
관리함(Stewardship)	
동역함(Partnership)	

3. 일터영성 관리의 실패 원인은 무엇이었는지 다음 3가지 원리에 따라
   적어보자. p.108

주되심(Lordship)	
관리함(Stewardship)	
동역함(Partnership)	

4. 우리는 일터에서 함께 일한다. 우리가 선한 동기와 목적으로 연합하여 일할 수 있고 또 얼마든지 악한 동기의 연합과 도전도 가능하다. 나는 어떤 동기와 목적으로 연합하고 있는가? p.110

5. 영성관리 실패는 많은 것들을 잃어버리게 한다. 7가지 요소들을 가지고 나의 상태를 점검해 보자. p.111

6. 이삭 공동체를 통해 일터에 선 나의 영성과 삶을 돌아보자. p.122

7. 다윗의 물매질은 하루 아침에 이루어지지 않았다. 전문성을 갖기 위해 수많은 연습이 필요하다. 나의 전문성은 무엇인가? p.124

8. 우리는 일터에서 전문성과 경건성으로 일한다. 전문성이 약하거나 경건성이 약하여 그 균형이 깨질 때 일어나는 문제에 대해 생각해 보고 적어보자. p.125

9. 일터에서 기도해야 할 4가지(만나는 사람, 해야 할 일들, 직면한 문제, 꿈꾸는 목표)에 맞춰 나의 기도를 적어보자. p.127

10. 일터에서 하나님이 나와 함께 일하기를 기대한다면 이 책에서 제안하는 7가지 방법을 적용해 보자. 그리고 일터에서의 경험을 다른 이들에게 나누어보자. p.130

묵상을 위한 기도

하나님과 사람을 위해 사업할 때 그리스도께서 나와 함께 계시고

사업을 기획할 때 그리스도께서 내 앞에 계시며

사업을 점검할 때 그리스도께서 내 위에 계시고

내 사업의 등대 되시는 그리스도께서 내 안에 계시며

기반이 되시는 그리스도께서 내 밑에 계시고

내 사업의 주인 되시는 그리스도께서 내 위에 계시며

시장의 주인 되시는 그리스도께서 내 우편에, 그리스도께서 내 좌편에 계시고

일을 마치고 잠자리에 들 때 그리스도께서 계시며

사무실 의자 위에 앉을 때 그리스도께서 계시고

의욕이 넘치거나 피폐해도 일어날 때 그리스도께서 계시며

나의 사업과 나에 대해 생각하는 모든 이의 마음 안에 그리스도께서 계시고

나의 사업과 나에 대해 말하는 친구와 낯선 이의 입에 그리스도께서 계시며

나와 내 직원과 고객과 납품업체와 경쟁사를 바라보는

모든 눈 안에 그리스도께서 계시고

나의 제품과 서비스를 소개하는 내 목소리를 듣는

모든 귀 안에 그리스도께서 계시옵소서. 아멘.

- 매튜 튠핵, 「성 패트릭의 기도를 각색한 BAMer의 기도」, 2019년 IBA자료집 -

세계란 소명 물화 영성 돈

05

—

일터와
돈

—

워크북

내 하나님께서 그리스도 예수 안에서

영광 가운데 그분의 풍성하심을 따라

여러분의 모든 필요를 채워 주실 것입니다.

빌 4:19 우리말성경

05

일터와
돈

정리를 위한 요약

일터는 일의 현장이며, 돈의 현장이다. 우리의 일과 일터는 결코 돈과 분리될 수 없다. 돈을 사랑함이 일만 악의 뿌리가 된다는 말씀을 생각하며 원형적 일터 에덴의 삶을 묵상한다. 하나님께서 디자인하신 에덴의 경제는 샬롬의 경제다. 샬롬은 하나님의 통치 아래 보장된 삶이다. 하나님은 우리 인간의 생존을 위한 시스템과 활동들을 완전하게 디자인하셨다. 에덴의 경제는 일터의 생산적 삶과 일상의 소비적 삶이다. 먼저 재화를 소비하는 일상의 경제에서는 우리가 하나님의 '주되심'을 신뢰함으로 완전한 공급 약속을 믿어야 한다. 그리고 재화를 생산하는 일터의 경제에서는 우리는 인간 의식주의 해결을 위하여 하나님이 명하

AudioBook

신 노동을 통한 생산활동을 해야 한다. 에덴에 대한 오해는 무노동으로 천연의 것을 채집하는 삶을 살았다는 것이다. 그러나 하나님은 피조세계를 보존하며 경작하라 명하시며 청지기적 '관리함'의 책임과 더불어 살며 일하는 '동역함'의 태도를 가르쳐 주셨다.

성경적 재정원리는 에덴의 샬롬의 경제원리에 따라 다음 세 가지로 정리된다. 먼저는 우리의 재정에 있어서 하나님의 '주되심'을 고백해야 한다. 그때 우리는 돈을 섬기는 삶이 아니라 주를 섬기는 삶을 살 수 있다. 그다음은 '관리함'이다. 우리는 재정의 청지기요 관리자로서 역할을 실천해야 한다. 경제에도 동역함이 필요하다. 성경이 가르치는 가치로 공유와 나눔과 섬김의 원칙을 따라 이웃사랑의 삶을 실천해야 한다.

돈에 대한 세상적 관점과 성경적 관점을 비교해 보자. 우리는 돈에 대한 성경적인 명확한 관점을 가져야 한다. 세상은 돈을 만능이며, 권력이며, 행복의 이유이며, 목적이며 결국 돈은 우상이라고 말한다. 그러나 하나님은 무엇이라 하시는가. 돈은 만능이 아니며, 권력이 아니며, 참된 행복도 목적도 아니며, 돈은 우상도 아니다. 돈이 하나님을 대신하는 우리의 우상이 될까봐 두려워해야 한다.

성경적 재정원리 7가지를 적용해 보자. 세상 모든 보화의 주인이시며 우리를 향하신 사랑과 완전한 공급 약속을 의심하지 말며 범사에 주를 인정하라. 그리고 돈은 관리하고 잘 다스려야 한다. 작든지 크든지 내게 맡기신 재정을 관리하지 않는 것은 직무유기다. 우리 삶과 이웃을 생각하며 나아가 하나님의 나라를 위해 탁월하게 돈을 벌어야 한다. 우리의 생애주기에 따른 계획과 한 해의 수입과 지출을 생각하며 필요를 계획하고 미리 준비해야 한다. 그리고 하나님께서 주신 것에 감사하며 자족의 비결을 배워라. 가능하면 빚지지 말라. 부채를 작은 것부터 구체적으로 해결할 방법을 강구해야 한다. 그리고 드림과 나눔의 기쁨을 배우라. 이 7가지 삶을 실천할 때 분명히 우리 삶이 풍요로워질 것이다.

성경의 최종적 결론을 반드시 기억하자. 맘몬주의는 빛을 잃게 될 것이다. 오직 주님만 영광을 받으실 것이다. 큰성 바벨론과 같은 비즈니스 세상은 불타며 사라져 갈 것이다. 그러나 그때 우리를 위해 단장된 새로운 성이 하늘로 부터 임할 것이다. 정결한 자, 주의 이름을 가진 자들이 그 성으로 들어가서 영원히 주님과 함께 살게 될 것이다. 이제 우리에게는 두 가지 질문만 남는다. "나는 무엇을 믿는가?" "나는 어떻게 살것인가?" 2S로 그 질문에 답할 수 있다. 첫 번째는 섬기라(Serve), 즉 "돈을 섬기지 말고 하나님을 섬기라." 두번째는 저축하라(Save), "돈을 이 땅에 쌓지 말고, 저 하늘에 쌓으라." 이 원리를 기억하며, 감리교를 시작한 요한 웨슬리가 한 말을 곱씹어 보자. "최대한 벌라, 최대한 아끼라, 최대한 주라."

반추를 위한 인용

하나님께서 에덴에 디자인하신 것은 샬롬의 경제였다. 샬롬은 하나님의 선하고 의로운 통치 아래 완전한 안전과 완전한 공급이 보장된 상태를 말한다. 하나님은 사람을 위하여 에덴에서 완전한 샬롬을 누리게 하셨다. 에덴은 하나님이 만드신 원형적 일터이며, 세상 경제의 근본적인 디자인이 담겨 있다. p.140

이 모든 것은 하나님이 주관하시는 것이며, 이 모든 것이 하나님께로부터 온다는 사실을 기억해야 한다. 여전히 하나님은 우리의 모든 필요를 공급하는 분이시다. 우리는 하나님만 의지하는 법을 배워야 한다. p.143

하나님이 디자인하신 에덴의 경제는 사람의 창조적인

노동과 생산활동을 통해 자신과 가족을 보호하고 또한 생육하여 번성하고 또 나아가 온 땅에 충만한 인류가 대와 대를 이어가며 살아가는 방법이었다. 이것이 하나님의 디자인, 에덴의 경제, 샬롬의 시스템이다. 그렇다. 에덴의 경제에서 요청되는 인간의 의무와 책임은 바로 청지기적 '관리함'이었다. p.145

하나님의 백성들은 그 어떤 일터에서도 하나님의 백성답게 살며, 주를 섬기며 합당한 삶을 살 것이다. 결코 사람에게 하듯 일하지 않을 것이다. 모든 일에 주께 하듯 일할 것이다. p.147

'우리에게 주신 돈을 섬길 것인가' 아니면 '주신 돈으로 하나님을 섬길 것인가'라는 질문만 남는다. 우리는 결코 돈 앞에 무릎 꿇지 않을 것이다. 도리어 담대할 것이다. 우리는 주신 돈으로 이웃을 사랑하며, 오직 하나님만 섬길 것이다. p.148

성경은 그 어디에서도 재물 자체를 악한 것으로 규정하지 않는다. 다만 "돈을 사랑함이 일만 악의 뿌리가 된다"고 했다. 돈 자체가 악한 것이 아니라 돈을 사랑하는 인간의 탐욕을 말함이며, 돈을 하나님처럼 여기는 물질 만능, 맘몬 숭

배가 악하다는 것이다. p.149

　나눔은 하나님께서 함께하게 하신 이들과 더불어 살아가는 삶으로 우리 주님께서 보여주신 모범을 따라 평균케 하는 원리를 실천 하는 것이다. p.152

　재정에 대한 하나님의 '주되심'을 인정하는 삶은 '하나님 사랑'이며, 재정에 대한 '관리함'과 '동역함'을 실행하는 삶은 '이웃사랑'이다. p.154

　우리는 일터에 하나님과 이웃을 섬기며, 하나님의 나라가 임하게 하기 위해서 일한다. 우리들은 일 자체가 기쁨이고 부름이다. 돈은 목적이 아니라 다만 도구일 뿐이다. 하나님이 잘 사용하라고 주신 우리에게 주신 은사다. 하나님이 기뻐하시는 일에 사용할 것이다. p.159

　즉 사람을 사랑하는데 돈을 사용해야 한다. 충성된 청지기는 돈의 노예가 되지 않고 잘 관리하여 유용하게 쓸 줄 아는 태도를 갖고 있어야 한다. 곧 우리의 보물을 하늘에 쌓아 두는 것으로 흩어 구제하고 널리 이웃에게 유익하도록 사용해야 한다. p.165

1. 내가 생각하는 돈의 이미지와 돈에 대한 나의 가치관을 적어보자.

2. 3가지 성경적 재정원리(주되심, 관리함, 동역함)를 나의 말로 정리해 보자.

p.148

주되심(Lordship)	
관리함(Stewardship)	
동역함(Partnership)	- 공유 - 나눔 - 섬김

3. 돈에 대한 두 관점(세상적 관점, 성경적 관점)을 살펴보고 5가지 요소 중 나의 위치를 체크해 보자. p.154

돈은 만능이다 ●—————●—————●—————●—————● 돈은 만능이 아니다

돈은 권력이다 ●—————●—————●—————●—————● 돈은 권력이 아니다

돈은 행복이다 ●—————●—————●—————●—————● 돈은 행복이 아니다

돈은 목적이다 ●—————●—————●—————●—————● 돈은 목적이 아니다

돈은 우상이다 ●—————●—————●—————●—————● 돈은 우상이 아니다

4. 하나님의 주되심을 인정하며 나의 모든 소유에 대한 '소유권 이전서'를 작성해 보자. p.160

소유권 이전서

작성일　년　월　일

구분	내용
부동산	
동산	
기타	

땅과 거기에 충만한 것과 세계와
그 가운데에 사는 자들은 다 여호와의 것이로다(시24:1)

은도 내 것이요 금도 내 것이니라 만군의 여호와의 말이니라(학2:8)

권리자　　　하나님

의무자　　　　　　(인)

5. 내게 맡겨 주신 것을 잘 관리하기 위해 먼저 내가 가진 것에 대한 '자산 목록표'를 작성해 보자. p.160

자산 목록표

작성일   년 월 일

자산유형	품목명	보유수량	자산평가액

6. 나의 필요와 생활을 위해 나의 소득은 얼마인지 '수입 예산 내역'을 작
   성해 보자. p.161

수입 예산 내역

작성일   년   월   일

항목	수입액	내역
합계		

7. 나의 필요를 계산하고 준비하기 위해 '지출 예산 계획표'를 작성해 보자. p.162

지출 예산 계획표

작성일   년 월 일

항목	지출액	내역
예비비		
합계		

8. 하나님이 주신 것에 감사하며 '감사일기'를 작성해 보자. p.163

감사일기

작성일   년   월   일

1	
2	
3	
4	
5	
6	
7	
8	
9	
10	

9. 가능하면 빚을 지지 말아야 한다. 나의 부채를 청산하기 위한 '채무 상환 계획표'를 작성해 보자. p.163

채무 상환 계획표

작성일   년 월 일

채무 현황

구분	금액	내역	비고
개인채무			
은행채무			
신용카드			
기타채무			
합계			

채무 상환 계획

상환 예정일	상환액	재원조달방법

10. 드림과 나눔의 기쁨을 배워야 한다. '드림 나눔 예산 계획'을 작성해
    보자. p.164

드림 나눔 예산 계획

작성일   년   월   일

항목		금액	내역
드림			
나눔			
기타			
합계			

묵상을 위한 기도

주님, 이 장부를 주님이 직접 결재해 주시옵소서

저는 실수합니다. 저는 놓칩니다. 저는 잘못 이해합니다.

주님이 정확하게 결재하여 주시옵소서

경영자의 부정직과 부도덕, 경영자의 욕심과 게으름

경영자의 권위를 위한 낭비가 장부를 통해 나타나게 하시고

매 순간 철저하게 겸비하여 지는 경영자가 되게 하옵소서

우리를 세무공무원의 오류와 오판으로부터 보호하여 주시고

세무를 대행하는 파트너 회사의 실수로부터 보호하여 주시고

우리 직원들의 실수와 부정직으로 부터 보호하여 주시고

재무 책임자와 담당자들의 마음과 생각을 지켜 주시옵소서

우리에게 일용할 양식과 미래를 위한 투자와

사람을 세우는데 필요한 자금을 허락하시고

우리가 감당할 수 있을 만큼의 재정적 풍요를 허락 하시옵소서

하나님과의 재정적 약속을 잊지 않게 하셔서

십일조의 약속과 나눔과 섬김의 약속을

평생에 지켜갈 수 있도록 도와 주시옵소서

제 눈이 날마다 결재장부 보다 말씀을 먼저 보게 하시고

이 장부를 통해 말씀 하시는 주님의 음성을 듣게 하시옵소서

- 진경도, 「결재 전에 드리는 CEO의 기도」 -

세계만 소명 문화 영성 들 히데싶

06

일터와
리더십

워크북

하나님께서 말씀하시기를

"우리가 우리의 형상대로 우리의 모양을 따라 사람을 만들어

그들이 바다의 물고기와 공중의 새와 가축과

온 땅과 땅 위에 기는 모든 것을 다스리게 하자" 하시고

창 1:26 우리말성경

일터와
리더십

\

정리를 위한 요약

리더십은 창조주의 계획이다. 하나님은 일터에서 하나님의 영광을 위하여 일하며, 서로 사랑하며, 우리가 선한 영향력을 나누며 살기를 원하신다. 에덴에는 하나님께서 디자인하신 세 가지 원형적 리더십 원리가 있다. 리더십은 주되심의 원리 안에서 자신의 삶에 주가 있음을 기억한다. 리더십은 관리함의 원리 안에서 자신이 가진 지위와 책임을 수행한다. 리더십은 동역함의 원리 안에서 자신의 역할에 따른 삶을 의미한다. 하나님이 만드신 일터 에덴은 하나님께서 디자인하신 리더십 안에서 복된 일터 공동체를 이루었다.

AudioBook

창조명령인 피조세계에 대한 인간의 정복과 통치는 리더십의 세 가지 원리에 의해 수행되어야 할 책무였다. 그러나 인간의 타락과 함께 에덴의 리더십은 무너졌고 인간은 만유 가운데 세우신 지위를 상실했다. 지금도 온 세상 만유는 지금까지 타락한 리더십으로 인하여 고통받으며 신음하고 있다. 그러나 하나님은 예수 그리스도를 보내시고 그의 십자가와 대속의 보혈을 통해 온 세상이 다시 회복되기를 원하신다. 우리는 이제 그리스도 안에서 잃었던 하나님의 형상과 리더십을 다시 회복하였다. 하나님은 우리로 당신의 영광을 위하여 이 땅의 제사장과 왕으로 살게 하셨다. 이것은 창조 때 명하신 정복과 통치자의 지위와 사명과 역할의 회복을 의미한다. 이는 다름 아닌 왕적 권세를 가진 우리들의 '리더십(Leadership)'이다.

회복된 리더십을 가진 이들의 세 가지 특징은 주되심-일터의 주재권을 아는 사람, 관리함-일터의 청지기로 사는 사람, 동역함-일터의 동역을 아는 사람의 모습으로 나타난다. 리더십은 리더와 따르는 자, 환경에 의하여 결정된다. 그러나 가장 결정적인 것은 리더의 역할이다. 우리의 일터에는 온전한 리더십과 그 영향력이 절실하다.

일터에서의 구조와 관계 속에서 드러나는 리더십의 4가

지 모습에 대해 살펴보자. 가장 기본은 셀프 리더십이다. 자기 자신을 다스리는 리더십이다. 리더의 건강관리, 말씀묵상, 기도생활, 시간관리 등은 셀프 리더십에 중요한 자기 관리의 내용이다. 이와 함께 7가지 자기 점검 리스트를 따라 자기를 점검해 보길 권한다. 두 번째는 윗사람을 움직이는 리더십이다. 정직함과 적극적 관계 맺기는 기본이며, 상사를 이해하며 업무를 통해 인정을 받아야 한다. 윗사람을 향한 말과 태도가 그의 마음을 얻게 하며 그를 움직이게 한다. 세 번째는 동료를 움직이는 리더십이다. 동료와의 관계는 서로가 가진 균등한 힘의 역학관계를 인정하고 남을 나보다 낮게 여기는 태도는 동료를 움직이는 힘이다. 애써 많은 대화가 필요하고, 갈등이 생기면 적극적으로 풀어야 한다. 자신이 맡은 일은 철저히 하고, 동료가 성공하도록 도와주어야 한다. 마지막으로 아랫사람을 움직이는 리더십이다. 여기엔 이미 결정된 힘의 역학관계가 불균등하여 직급, 나이, 경험의 우위를 가지고 고압적인 모습으로 드러나기 쉽다는 사실을 기억하고 말하며 행동할 때 아랫사람들이 따르기 시작한다. 지배하지 말고 섬겨야 한다. 경험과 연륜에 축적된 지식을 전수하고 모든 일에 투명하고 정직하며, 끝까지 사랑해야 한다.

팀 리더십은 리더십과 팀의 총화이다. 리더는 비전의 사람이다. 팀의 구성원들은 전문성과 실력을 겸비한 사람들로서 더 큰 성취를 목적하며 함께 일하는 사람들이어야 한다. 팀원들의 소통은 반드시 양방향에서 이루어져야 하며, 서로를 인정하며, 경청하며 투명해야 한다. 대안적 비판을 하고, 예의를 가지고 인내하며 토론할 수 있어야 한다. 리더는 팀의 비전을 제시하고, 동기를 부여하고, 과업 성취에 집중하도록 섬겨야 한다. 오늘 이 시대, 세상의 모든 삶터와 일터에서는 참된 리더십, 선한 영향력을 갈망하고 있다. 하나님의 보내심을 받은 우리가 선 곳이 거룩한 곳이다. 오늘도 우리를 두신 곳에서 그분의 나라를 사모하며 우리는 더 사랑하기 위해 리더가 되어야 한다.

반추를 위한 인용

하나님은 당신이 지으신 남자와 여자를 위해 에덴이란 일터와 공동체로 만드셨다. 그곳에서 두 사람은 서로의 역할에 따라 선한 영향력을 나누며, 당신의 영광을 위하여 함께 사랑하며 일하며 살게 하셨다. p.173

우리의 가정에 하나님을 주로 모시고, 그 하나님의 다스림을 받는 부모의 권위와 다스림 아래에서, 자녀들은 보호받으며 성장하고, 후에 번성하여 땅 위에서 충만하도록 양육되어야 한다. 이런 가정에서 세대를 계승하여 후손들이 계속 태어나고 자라나, 다른 이들과 서로 협력하며 선한 영향력을 가지고 리더십을 발휘할 사람들이 일어나야 한다. 이것이 하나님이 디자인하신 에덴의 리더십의 내용이다. p.176

하나님께서 세우신 에덴의 디자인에서 '정복과 통치'는 결코 인간의 욕망으로 가득한 정복과 악한 지배를 의미하지 않는다. 만유의 주재시며, 왕의 왕이신 하나님의 성품과 그분의 아름다우심을 반영하고 투영하는 행위를 말한다. 하나님의 형상을 가지고 유일하게 창조된 인간의 인간다운 고유한 리더십 역할이다. 이것이 그리스도 안에서 회복된 하나님의 아들들의 선한 영향력이며, 참된 리더십이다. p.179

우리는 함께하는 이들에게 잠재력을 자극하여 생명력을 불어넣고 성장의 역동을 만들어 내는 선한 영향력을 가진 리더들이 되어야 한다. 성경은 종과 같이 겸손함으로 다른 사람을 섬길 때 진정한 영향력을 미치는 리더가 될 것이라 가르친다. p.182

에덴의 삶은 그분과 그의 말씀과 함께 시작되었다. 동녘의 아침 해가 떠올라 하루 종일 그 긴 하늘을 달려서 저 서쪽 세상 끝에 이를 때까지 세상에는 그 말씀의 울림으로 가득한 하루였을 것이다. p.184

우리는 리더십이란 위에서 아래로 미치는 영향력이라 생각한다. 그러나 하나님은 우리의 일터와 삶의 자리에서 우리가 맺고 있는 모든 관계 속에서 마땅히 전방향에서 우리의 영향력을 나누며 살기를 원하신다. p.188

리더는 비전을 가져야 한다. 리더는 방향과 좌표를 찍는 사람이다. 리더는 자신에게 주어진 권위가 어디로부터 왔는지, 무엇을 위해 주어졌는지를 아는 사람이어야 한다. 그는 목표를 성취하기 위해 한 순간도 그 역할과 책무를 게을리할 수 없는 자의 자리에 있다. p.193

오늘도 하나님은 한 사람, 참된 리더들을 찾고 계신다. 오늘 이 시대도 사람을 찾는다. 이는 참된 영향력에 대한 갈망이다. 우리는 하나님이 원하시는 바로 그때에, 바로 그 자리에, 바로 그 사람이 되기를 사모해야 한다. p.195

리더십은 영향력이다. 어디에서 무엇을 하든지, 우리는

모든 곳에서 선한 영향력을 가졌다. 우리는 이미 빛이며, 소금이기 때문이다. 우리는 이미 회복된 지위와 왕적 권세를 가졌으며, 하나님의 나라와 그의 통치를 실현하기 위해 모든 곳으로 보내심을 입었기 때문이다. p.197

우리가 선 곳, 그곳은 거룩한 곳이다. 기도로 그 땅과 민족, 그 영역과 자리, 공동체를 품자. 하나님의 마음과 뜻을 품고 우리를 보내신 일터에 서자. 내가 선 일터를 향한 하나님의 소원을 내 맘에 품고 일하자. 머지않아 그곳에 하나님의 나라가 이루어지는 것을 보게 될 것이다. p.197

실행을 위한 질문

1. 내가 정의하는 리더십은 무엇인가?

2. 하나님께서 디자인하신 일터리더십의 3가지 원리(주되심, 관리함, 동역함)
   를 나의 말로 정리해 보자. p.174

주되심(Lordship)	
관리함(Stewardship)	
동역함(Partnership)	

3. 3가지 리더십 원리에 의하여 리더십의 타락과 회복된 모습을 정리해
   보자. p.176

4. "만약 당신이 그리스도를 믿는다면 당신은 사랑하기 위하여 리더가 될 것이다. 그러나 당신이 그리스도 안에 있지 않다면 당신은 리더가 되는 것을 사랑할 것이다." 하워드 버트의 말을 묵상하며 나는 어떤 리더가 되기 원하는가? p.180

5. 아래의 '7가지 리더십 자기점검 리스트'를 통해 셀프 리더십을 점검해 보자. p.186

· 예배의 감격이 있는가?

_____

· 붙들린 말씀이 있는가?

_____

· 열망하는 기도가 있는가?

_____

· 영혼의 찬양이 있는가?

_____

· 직면한 문제들이 있는가?

_____

· 읽고 있는 책이 있는가?

_____

· 나눌 만한 간증이 있는가?

_____

6. '윗사람을 움직이는 리더십'을 읽으며 생각나는 좋은 사례를 적어보
자. p.188

7. '동료들을 움직이는 리더십'을 읽으며 나는 어떤 부분들이 부족했는지
돌아보고 적어보자. p.189

8. '아랫사람을 움직이는 리더십'을 읽으며 나는 상사나 선배의 위치에 있
을 때 어떤 리더였는지 적어보자. p.191

9. 팀 안에서 소통은 결정적이다. 사람들과의 관계에서 6가지 요소(인정, 경청, 투명, 비판, 신뢰, 지속)에 따른 소통의 기술을 잘 사용하고 있는지 점검해 보자. p.194

10. 한 마을 어린 소년의 이야기를 읽고 적용한다면 나의 일상과 일터에서 필요한 리더십은 무엇인가? p.196

묵상을 위한 기도

아버지, 잠에서 깨는 이 순간까지 제 목숨을 지켜주신 은혜에 감사드립니다.

이제 오늘 필요한 사랑을 공급해 주십시오.

먼저 당신의 사랑을 알도록 해주십시오.

또 당신을 향한 나의 사랑이 넘치게 해주십시오.

그리고 그 사랑을 다른 이에게 전하게 해주십시오.

당신의 영이 내 마음을 비추게 하시고, 그 비춤을 충분히 감당하도록

내 마음을 넓혀주십시오. 지속하지 못하는 좋은 시작은 아무런 의미가 없습니다.

그렇기에 내가 당신의 아들, 주 예수 그리스도와 온전한 친교를 이루는 그날까지

나를 향한 당신의 은혜를 하루도 멈추지 말고 더 부어 주십시오.

그래서 내가 그리스도의 아름다움과 위대한 영광을

계속 바라볼 수 있도록 도와주십시오.

잠들었다가 다시 깨어나는 것도 다 당신의 은혜로 가능하기에,

나로 하여금 오늘 하루도 기쁜 마음으로 살게 하소서.

이미 예수 그리스도가 나를 대신해서 죽으셨고

또 나의 의를 위해서 다시 살아나셨기에, 오늘 하루 무슨 일이 생기더라도

나도 언젠가 내가 마지막으로 잠에서 깨는 날이 있을 것임을,

내가 부활하는 날을 맞을 것임을 기억하도록 도와주십시오.

예수님 이름으로 기도합니다.

- 팀 켈러, 「매일 기도 중 아침에 깨어나서: 사랑을 구하는 기도」 -

세계관 소명 문화 영성 돈 리더십 공동체

07

일터와
공동체

워크북

형제가 함께 한마음으로 사는 것이

얼마나 선하고 얼마나 보기 좋은가!

시 133:1 우리말성경

일터와
공동체

정리를 위한 요약

우리 인간은 공동체적 존재이다. 공동체를 떠나서는 존재할 수 없다. 그러나 오늘날 포스트 모더니즘의 영향으로 상대주의와 개인주의 영성이 시대를 지배하며 점점 개인화 되고 공동체는 와해되고 있다. 그러므로 이 시대는 공동체성과 공동체적 가치가 그 어느 때보다 더욱 소중하다. 하나님께서 디자인하신 최초의 공동체 에덴의 그 원형적 모습을 다시 배워야 한다. 하나님의 창조계획과 창조의 과정에서 삼위 하나님은 함께하신다. 하나님은 당신의 존재를 투영하고 반영하여 모든 피조세계와 우리 인간을 공동체로 존재케 하셨다. 하나님의 창조 디자인에서 생명체의 존재방식은 결코 '홀로'가 아니라 '함께'였다.

AudioBook

에덴 공동체의 세 가지 원리를 살펴보자. 에덴의 공동체는 하나님의 형상으로 하나님을 위해 존재하며, 주되심-하나님의 주되심을 기억한다. 그리고 공동체는 창조주의 목적을 따라 위임된 피조세계를 다스리며, 관리함-위임과 책임을 수행한다. 끝으로 공동체는 우리에게 돕는 자를 주신 하나님의 뜻을 따라 더불어 살며, 동역함-연합과 동역을 기뻐한다. 창조주가 만드신 에덴은 통전적이며 통합적인 공동체였다. 그곳은 가족 공동체였으며 또한 일터 공동체였다. 함께 하나님을 섬기는 신앙 공동체요, 예배 공동체로서 교회였으며, 함께 모든 지식과 정보를 공유하며 삶을 배우고 생존을 전수하는 배움 공동체로서의 학교였다.

그러나 에덴 공동체는 타락했다. 공동체는 창조주 하나님의 주되심을 거역하고, 창조주의 위임과 책임을 망각했으며, 공동체는 연합과 동역으로 하나님을 거역한다. 그 결과 하나님의 공동체 디자인은 깨어졌다. 에덴이라는 가족 공동체는 서로 미워하고 비난하며, 예배를 잃어버렸고 함께 더불어 살기 위한 배움도 불가능하게 되었다. 복된 일터는 고통을 수반하게 되었으며 끝내 에덴에서 축출되었고, 서로를 향한 분노의 결과 인류 최초의 살인으로 귀결되었으며, 이 땅에 타락한 공동체의 전형인 가인의 공동체가 시작된다. 하나님의 주되심을 버리고 "하나님 앞을 떠나" 자신의 방식으로 세상에 존재하는 일부다처를 선택하고, 자신의 방식으로 자신을 보호하고 무력으로 다스리고 정복하려고 축성을 시작한다. 그들에게 부여된 관리함의 책무는 일의 다양성으로 나타나고 생존과 향유를 위한 목적과 방법과 도구를 사용한다. 그들의 동역함의 원리는 라멕의 선언처럼 탐욕적이며 폭력적이다.

하나님은 공동체 회복을 꿈꾸신다. 하나님은 가인이 죽인 아벨을 대신하여 셋을 주셨고, 아담의 주되심의 고백과 소망은 셋을 통해 가족 신앙 공동체를 계승하게 된다. 하나님의 공동체 회복의 꿈은 노아와 아브라함의 언약을 통해 이스라엘 백성과 함께 이어진다. 백성 이스라엘은 하나님의 목적을 위하여 구별된 선민이며, 열방 앞에 하나님의 주되심과 그의 선하심을 선포하는 신앙 공동체이며, 선교 공동체였다. 그러나 이스라엘은 하나님의 꿈을 잊고, 공적 책무를 버렸다. 하나님의 공동체 회복의 열망은 멈추지 않고 다윗의 후손 메시아를 통해 이루실 나라를 꿈꾸게 하신다. 신약은 약속된 예수 그리스도의 오심으로 시작되며, 당신의 나라가 지금 우리 가운데 있다고 선포된다. 예수님은 하나님의 주되심을 인정하는 공동체인 교회를 세우신다. 이 땅에 세우신 하나님의 교회는 생명력이 넘치는 유기적 공동체, 차별과 제한이 없는 포괄적 공동체이며 또 예배 공동체이며, 종말론적인 선교 공동체다. 하나님은 교회를 통해 당신이 꿈꾸시는 공동체를 세워가신다. 하나님은 일터에서도 당신의 공동체의 회복을 원하신다.

에덴의 공동체 원리를 적용하여 모든 일터에서 우리는 모든 일을 예배적 삶으로 섬기는 신앙 공동체로, 친밀한 교제, 사랑의 나눔을 실천하는 동역 공동체, 창조명령과 선교명령을 수행하는 사역 공동체로 세워갈 수 있다. 우리의 생애 동안 하나님의 마음에 품으신 공동체를 품고, 우리도 세상을 감동시키는 공동체를 세우는 꿈을 꾸며 나아가자.

반추를 위한 인용

오늘날 산 위에 있는 빛들의 공동체로서 어둔 세상 앞에 드러나야 할 교회도 세상을 향한 영향력을 잃어가고 있는 이유 중의 하나는 공동체성이 약화되고 있기 때문이다. 이처럼 우리가 공동체성을 상실하고, 우리의 삶과 일터에서도 공동체적 가치들이 사라져 가는 것은 사회적 위기가 아닐 수 없다. 하나님은 사람을 사회적 존재들로 지으셨고 이 땅에서 공동체로 존재하며 살아가게 하셨기 때문이다. 우리 인간은 공동체를 떠나서 결코 존재할 수 없다. 우리들이 공동체 안에서 태어나서 보호받고, 배우고 성장하며, 사랑하고 일하며, 요람에서 무덤까지 공동체로 살게 하셨다. 우리는 공동체로 살며 세상 속에서 하나님의 나라를 드러내기 때문이다. p.204

하나님의 창조 디자인에서 생명체의 존재방식은 결코 '홀로'가 아니라 '함께'였다. p.205

그렇다. 하나님은 우리가 공동체로 사는 것을 '선하다', '아름답다' 하시며 매우 기뻐하신다. 공동체는 하나님의 디자인이다. p.205

에덴의 공동체는 가족이며 일터였고, 교회이며 학교였던 것이다. 에덴의 공동체는 이런 다양성들이 결코 분리되어 존재하지 않았으며, 매우 전인적이며 통합적이었다. p.208

에덴을 상실한 공동체는 이 땅에서 하나님을 경외하지 않으며, 하나님 없는 문화를 세우고, 하나님 없는 행복을 추구한다. 오늘날 이 땅의 모든 공동체의 문화와 영성의 본질이 바로 그것이다. p.209

하나님의 형상을 잃어버린 그들은 하나님의 위임을 수행할 수 없는 자들이 되었다. 그 결과 공동체는 일터에서 하나님의 선하심과 아름다우심을 투영하고 반영하여 드러내는 일이 아니라 그들의 욕망을 따라 만유를 고통하며 신음하게 하고, 파괴하는 자들로 존재한다. 오늘날 생태계의 파괴는 바로 그것이다. p.209

교회 공동체는 동일한 신앙 고백과 영원한 가치를 위해 모인 공동체라는 점에서 여타 다른 목적이나 지연이나 혈연과 같은 공동체들보다 더 친밀한 사랑의 공동체를 형성할 수 있을 뿐만 아니라 더 강한 결속력을 가지고 공동의 목적을 성취해 갈 수 있다. p.215

지역교회는 생명력이 넘치는 유기적 공동체다. 교회는 죽은 조직이 아니라, 생명이 살아있는 공동체다. 교회는 살아있는 그리스도의 몸으로써, 머리이신 그리스도를 중심으로 생명과 성령으로 모든 지체들이 연결되어 서로 상합하고 협력하며 함께 그리스도의 몸을 세워간다. 건강한 교회는 성장하고 또 성숙해 간다. p.216

우리는 일터의 청지기들이다. 우리는 하나님의 소명을 따라 일한다. 그곳에서 하나님이 주신 일터에서 맡기신 역

할을 수행하며 하나님 사랑과 이웃 사랑을 실천한다. p.221

우리는 내 삶의 목표와 이상 중에 공동체의 꿈이 있는지를 물어야 한다. 내 생에 최고의 공동체를 꿈꾸게 되기를 원한다. 가족 공동체인 가정에서, 신앙 공동체인 교회와 선교단체에서, 일터 공동체인 직장에서 에덴의 디자인을 기억하며 우리의 기도와 소망과 수고와 헌신이 드려질 때에 우리는 하나님의 꿈, 하나님의 나라를 이루어 바로 내 삶에 이루어지는 영광을 보게 될 것이다. p.223

1. 우리 인간은 공동체적 존재이다. 공동체를 떠나서는 존재할 수 없다. 그러나 오늘날 시대는 점점 개인화되고 공동체는 와해되고 있다. 잊혀져 가는 내 기억 속 공동체의 모습을 회상해 보자. p.203

2. 에덴 공동체의 3가지 원리(주되심, 관리함, 동역함)를 나의 말로 정리해 보자. p.207

주되심(Lordship)	
관리함(Stewardship)	
동역함(Partnership)	

3. 에덴 공동체는 다음 3가지의 원리가 무너지면서 타락했다. 타락의 원인들을 정리해 보자. p.209

주되심(Lordship)	
관리함(Stewardship)	
동역함(Partnership)	

4. 가인의 공동체는 공동체 타락의 전형이다. 가인의 공동체가 그들의 가정과 일터에서 세워가는 문화는 오늘날 세상 문화를 드러낸다. 가인의 공동체에서 발견하는 타락한 공동체의 모습 3가지를 찾아 적어보자. p.211

5. 하나님은 당신의 공동체 회복의 꿈을 예수 그리스도를 보내시고 이 땅에 교회를 세우심으로 성취하신다. 이 땅 위에 존재하는 교회는 하나님의 공동체의 꿈이다. 교회 공동체가 가지고 있는 정체성 5가지를 통해 내가 속해 있는 교회 혹은 공동체를 생각해 보자. p.216

6. 우리가 몸담은 대부분 삶의 자리는 비그리스도인들과 함께한다. 그러므로 일터에서 믿는 자들이 가진 삶의 태도는 중요하다. 내가 속해 있는 일터에서 나는 어떤 태도로 살아가고 있는가? p.218

7. 내가 속한 일터 공동체를 세워가기 위해 필요한 '교제-코이노니아'를 생각해 보고 적용해 보자. p.220

8. 내가 속한 일터 공동체를 세워가기 위해 필요한 '나눔-디아코니아'를 생각해 보고 적용해 보자. p.221

9. 내가 속한 일터 공동체에서 창조사명과 선교사명을 이루기 위한 나만의 사명선언문을 만들어 보자. p.222

10. 내 생애 최고의 공동체를 세우기 위한 꿈이 있는가? 내가 세워 갈 공동체에 대한 꿈을 적어보자.

묵상을 위한 기도

오 주님,

혹시 오늘 제가 담당할 수 없는 어려움과 불의를 만날 때,

낙망하거나 넘어지지 않게 저를 붙드소서. 오히려 다시 오실 주님을 소망하며,

참고 견디게 하시고, 저의 작은 희생과 대가 지불을 통하여 주님의 나라가

확장될 수 있다면, 기꺼이 드릴 수 있는 믿음과 용기를 주소서.

모든 민족을 부르시고 회복시키시는 선교의 하나님, 오늘도 내 눈이 내 주위에서

일하시는 하나님의 손길을 보게 하시고, 내 마음과 손길이

그 일에 닿고 동참케 하소서. 또한 저의 일과 제 삶이 주님께서 보내시는

그 곳을 위해 준비되게 하시고 한 걸음씩 나아가게 하소서.

오늘도 저와 같이 세상 속에 보내심을 받은 사랑하는 형제 자매들을 동일한

은혜로 채우시고 붙드소서. 비록 흩어져 있을지라도, 우리를 한 몸으로,

한 교회로 묶고 계시는 성령님의 은혜와 능력 속에서,

같은 소망과 같은 믿음을 품고 굳게 연합하여 함께 전진하게 하소서.

작은 공동체들을 지켜주시고 그리스도의 몸된 전체 교회 가운데 삼위일체의

사랑과 연합과 존중을 채우셔서 세상 가운데 복음의 증거가 되게 하소서

아버지, 주님 나라 이 땅에 임하소서. 뜻이 하늘에서 이뤄진 것처럼 이 땅에서도

이뤄지게 하소서. 나라와 권세와 영광이 아버지께 영원히 있사옵니다.

우리 구세주와 주인 되신 예수 그리스도의 이름으로 기도합니다. 아멘.

- 서명구, 「주기도문으로 드리는 BAMer의 기도 2」, 서명구 교수 페이스북 -

세계관 소명 문화 영성 돈 리더십 공동체 비전

08

───

일터와
비전

───

워크북

그리고 난 후에 내가 모든 사람 위에 내 영을 부어 주겠다.

너희 아들들과 딸들이 예언할 것이고

너희 늙은이들은 꿈을 꾸며

너희 젊은이들이 환상을 보게 될 것이다.

욜 2:28 우리말성경

일터와
비전

정리를 위한 요약

비전은 그리스도 안에서 우리가 사는 세상에 대한 소망이며, 우리가 미래를 바라보는 눈이다. 창조된 세상은 타락했고, 타락한 세상은 그리스도 안에서 장차 완전히 회복될 것이다. 이 비전은 하나님이 모든 그리스도인에게 주신 꿈이다. 이 비전이 없다면 세상은 절망이며, 가정도 교회도 일터도, 심지어 한 개인의 삶도 희망이 없다. 그리스도께서 오셔서 꿈꿀 수 없는 세상에 이사야 61장의 구속과 희년의 비전을 주시며, 우리로 꿈꾸게 하셨다. 하나님의 비전은 당신이 디자인하신 에덴에 잘 그려져 있다.

AudioBook

에덴에 담긴 비전은 세상을 향한 하나님의 비전이다. 하나님은 사람으로 동산에 살며 동산의 창설자이며 주인이신 하나님의 주되심을 기억하며 살게 하셨다. 또한 사람으로 하나님께서 명하신 일을 하며 관리함을 기뻐하며 살게 하셨다. 또한 하나님과 함께 그리고 주신 배필인 사람과 함께 동역함의 행복을 맛보게 하셨다. 마지막으로 에덴의 흘러넘치는 생명과 풍요를 향유함의 복을 누리도록 하셨다. 에덴을 주신 하나님의 뜻은 우리 인간의 최고의 행복이었다. 그러나 인간은 원수 사탄의 유혹에 넘어졌고 에덴의 비전은 깨어졌다. 주되심 고백은 부정되고, 관리함의 직무는 왜곡되고, 동역함의 의미는 변질되고, 향유함의 축복은 상실되었다. 그러므로 우리의 일터비전은 온 세상 모든 영역과 삶의 자리에서 가장 우선된 주되심의 회복이다. 하나님보다 높아진 모든 거짓된 것들은 무너지고, 하나님의 통치가 실현되고 그의 나라가 임하는 것이다. 그 때 모든 곳에 참된 샬롬이 회복될 것이다.

성경은 하나님 나라에 대한 이야기로 가득하다. 에덴은 원형적인 하나님의 나라였고, 타락과 더불어 깨어진 하나님의 나라는 그 이후 아브라함에게 약속되었고, 다윗시대 그의 왕국에 드러났으며, 선지자들을 통해 하나님 나라를 위한 약속과 비전을 발견한다. 우리는 성경에서 당신의 통치를 회복하고, 만유로부터 영광을 받으시려는 열정으로 충만한 하나님을 뵙는다. 예수님은 이 땅에 오셔서 "나라이 임하옵시며" 기도하라 가르쳐 주셨다. 하나님 나라의 비전을 위한 기도였다. 하나님의 나라는 예수의 초림과 함께 성취되어 '이미' 우리 가운데 임하였고, '아직' 온전히 완성되지 않았다. '이미'와 '아직' 사이의 시간 동안 하나님은 교회와 더불어 열방을 향한 하나님의 선교를 계속하고 계신다. 그러므로 지금 이곳에서 당신의 백성들인 교회의 순종이 요청된다.

우리의 비전을 세우기 위하여 에덴에서 배운 4가지 원리를 적용해야 한다. 모든 곳에서 하나님의 주되심을 믿으며, 오직 주님의 청지기로 살며, 동역자들과 연합하여 일하며, 모든 일에 하나님의 공급을 신뢰하는 것이다. 우리의 비전을 이루기 위하여 성경에 등장한 비전의 사람들을 묵상할 때 지혜를 얻는다. 느헤미야는 항상 먼저 기도하며 계획하고 집념으로 완성했다. 예수님은 죽기까지 일생에 당신의 비전을 양식 삼고 사셨다. 바울은 하나님이 주신 비전을 성취하고 상을 얻을 때까지 끝까지 달리며 비전을 성취하였다.

우리의 일터비전을 새롭게 하자. 성경의 마지막 계시록에는 선교완성, 하나님의 비전이 완성된 그림을 볼 수 있다.

우리는 만유의 주되신 하나님을 예배하게 될 것이다. 그곳에서 우리의 동료들과 함께 우리의 모든 수고에 따른 상급과 면류관을 얻을 것이다. 잃어버린 에덴의 모습이 회복되며, 새 하늘, 새 땅, 새 예루살렘과 그리고 새 백성들을 만나게 된다. 이 땅에서 우리의 모든 삶과 일들은 그날에 더욱 온전하고 거룩하고 영광스럽게 지속될 것이다. 우리의 현실은 언제나 우리를 낙심하고 절망케 한다. 그러므로 하나님 나라의 상상력이 필요하다. 장차 임할 하나님 나라를 상상하며 희망할 때 쉽게 낙망하지 않을 것이다. 기대감으로 살아가야 한다. 계시록에 확정된 선교완성의 비전은 우리에게 지치지 않는 소망을 준다. 일터비전은 나의 비전을 넘어 하나님의 꿈이기 때문이다.

반추를 위한 인용

세계관이 '세상의 현재를 보는 눈' 이라면, 비전은 '세상의 미래를 보는 눈'이다. 세계관은 '세상의 현재를 보는 관점'이고, 비전은 '세상의 미래를 위한 소망'이라고 말할 수 있을 것이다. p.229

일터의 참된 비전이란, 일터에 선 우리들이 그리스도 안

에서 바라며 그려보는 우리의 일터와 다가온 하나님 나라에 대한 소망이다. p.229

창조기사에는 인간의 최초의 거주지로 결정된 에덴의 모습이 그려져 있다. 창세기는 하나님이 만드신 아름다운 동산에 대한 사실적인 묘사만 아니라 하나님이 만드신 세상에 대한 비전이 그려져 있다. p.232

하나님의 목적인 사명 수행의 내용으로 그 구체적인 방법은 에덴 동산을 '경작하고 지키는 일'이었다. 에덴의 첫 사람은 하나님이 맡기신 동산에서 자신의 일을 하며 자신의 존재 의미를 발견한다. 아담은 그가 하는 일을 통해 그의 사명을 구체화하고, 주께서 명하신 일을 즐거워 한다. 에덴의 일은 인간의 존재의 의미이며, 삶의 기쁨이었다. p.233

에덴의 비전은 온 세상을 향한 하나님의 주권과 기쁘신 뜻을 드러낸다. 우리는 하나님께서 디자인하신 에덴의 아름다움에 대한 창세기의 묘사를 읽으며 상상만으로도 행복해진다. 에덴에 동산을 만들어 인간에게 내어 주신 하나님의 선하고 아름다우신 뜻은 우리 인간의 최고의 행복이었다. p.235

성경은 그 시작에서부터 끝까지 하나님의 나라에 대한 이야기로 가득하다. 하나님은 에덴에서 당신의 나라를 계획하셨다. 그러나 당신이 통치하시던 나라는 깨졌고, 성경에는 온통 하나님 나라를 회복하시려는 하나님의 비전과 열정으로 충만하다. p.237

내가 할 수 있는 일은 내가 먼저 그분의 주되심을 삶으로 고백하는 일이다. 나의 일터가 주님의 나라가 되길 구하는 것이다. 주님의 통치를 구하는 것이다. 먼저 내 삶을 예배로 드려야 한다. p.241

우리가 무엇이든 필요를 따라 주께 구하면 그가 공급하실 것이다. 우리에게는 무한자원이신 하나님과 하나님께서 이미 내게 그 일을 감당하라 주신 은사와 열정이 있다는 사실을 잊지 말아야 한다. 또한 일터에는 이미 하나님이 두신 솔루션과 예비된 자원이 있음을 신뢰해야 한다. p.243

우리가 그 나라의 비전에 붙들리게 된다면, 아무리 현실이 절망이어도 낙망하지 않고 도리어 열망하게 될 것이다. 일터에 선 우리에게 지금 필요한 것은 바로 내가 선 일터에 완성될 하나님 나라와 그 나라의 상상력이다. p.251

일터의 비전은 나의 꿈을 넘어 그것은 하나님의 꿈이며, 하나님 나라의 꿈이다. 우리가 오늘도 하나님의 비전이라 부르는 나의 야망과 욕심을 이루려고 하지는 않는지, 두려움으로 오늘도 일터에선 우리의 치열한 삶을 돌아본다. p.251

실행을 위한 질문

1. 내가 생각하는 비전의 정의를 적어보자.

2. 하나님께서 디자인하신 에덴의 비전에 담겨 있는 4가지 요소(주되심, 관
   리함, 동역함, 향유함)를 나의 말로 정리해 보자. p.231

주되심(Lordship)	
관리함(Stewardship)	
동역함(Partnership)	
향유함(Enjoyment)	

3. 에덴의 비전은 인간의 불순종으로 깨어졌다. 그로 인해 인간은 샬롬을
   상실했다. 샬롬은 하나님의 완전한 통치 아래에서 그의 백성들이 절대
   안전과 절대 공급을 통해 평안을 누리는 상태를 말한다. 우리는 그의 통
   치 아래에서 누리는 샬롬의 회복을 꿈꾸고 있는가? p.238

4. 성경은 온통 하나님 나라 이야기로 가득하다. 이것은 이 세상 회복을 향한 하나님의 비전이다. 예수님의 초림으로 이미 성취된 그의 나라는 재림으로 완성될 것이다. 이미와 아직 사이에서 교회와 내가 꿈꾸어야 할 비전이 있다. 나의 비전은 무엇인가? p.239

5. 나의 비전 세우기 1 : 나의 비전은 나를 위한 것인가? 주를 위한 것인가? p.241

6. 나의 비전 세우기 2 : 나는 내 비전의 주인공인가? 청지기인가? p.242

7. 나의 비전 세우기 3 : 나는 홀로 일하려 하는가? 함께 일하려 하는가? p.242

8. 나의 비전 세우기 4 : 나는 나의 자원만 믿는가? 하나님의 공급을 믿는
　 가? p.243

9. 성경에 나타난 비전의 사람들을 묵상하며 배워야 할 점은 무엇인가? 나
　 에게 적용할 수 있는 3가지를 찾아 적어보자. p.244

10. 일터에 선 우리에게 지금 필요한 것은 나의 일터에 완성될 하나님 나
　 라와 그 나라에 대한 상상력이다. 내가 선 일터에 완성될 하나님 나라
　 를 상상해 보자. 그리고 일터와 삶에서 하나님을 위해 지금 시작할 수
　 있는 작은 일을 생각해 보고 적어보자. p.251

묵상을 위한 기도

사랑하는 주님, 오늘은 겨자씨를 생각했습니다.

주님은 하나님 나라를 모든 씨 중에서 가장 작은 겨자씨에 비유합니다.

모든 나무보다 크게 자라 많은 새들이 깃들일 수 있는 그 잠재력을 지적하십니다.

하루 일과는 종종 산만하고 혼란스러워 보입니다.

그러나 그 모든 사건과 활동 이면에는 주님이 심어두신 작은 씨가 숨어있습니다.

저는 참을성이 없습니다. 처음부터 큰 나무가 보고 싶어 안달입니다.

왜 그럴까요? 하지만 주님은 인내의 주님이십니다.

알아볼 수 없이 미세하면서도 잠재력을 갖춘 겨자씨처럼

제 속에서도 하나님 나라가 그렇게 자라게 하십니다.

주님은 자신의 임재를 오래오래 숨겨두십니다.

주님, 저는 압니다.

주님께서 제게 신실함을 원하신다는 것을

제가 보거나 느끼지 못할 때에도 씨앗이 자라고 있다는 사실을

굳게 붙들기 원하신다는 것을. 주님께서 결코 저를 떠나 계시지 않고 그날

주님이 심어두신 씨가 유감없이 그 존재를 뽐내게 될 날을 위해

저를 늘 준비시키고 계셨음을 언젠가는 똑똑히 보리라 깊이 확신하며

삶을 헤쳐가기 원하신다는 것을 말입니다.

저도 주님처럼 신실하게 인내할 수 있도록 도와 주소서. 아멘.

- 헨리 나우웬, 「천개의 기도」 -

세계관 소명 문화 영성 돈 리더십 공동체 비전 선교적삶

09

일터와
선교적 삶

워크북

이와 같이 너희도 너희 빛을 사람들에게 비추라.

그래서 그들이 너희 선한 행실을 보고

하늘에 계신 우리 아버지께 영광을 돌리게 하라.

마 5:16 우리말성경

09

일터와
선교적 삶

정리를 위한 요약

하나님은 선교하시는 하나님이시다. 교회는 하나님의
선교에 부르심을 받은 공동체이며, 우리는 하나님의 선교
에 부르심을 받은 동역자들이다. 성경은 온 세상의 구속을
향한 하나님의 선교를 계시한다. 사람이 죄를 범하는 순간
하나님은 사람을 구원하기 위한 마스터 플랜을 제시하신
다. 하나님의 구속 계획은 아브라함을 부르시고 그와 언약
을 맺으시며 구체화 된다. 하나님은 한 사람을 통해 한 민
족을 부르시고, 당신의 백성을 삼으셨다. 이스라엘은 열방
을 향한 당신의 선교를 위한 목적으로 구별하신 제사장 민
족이었다. 이스라엘은 하나님의 백성다운 거룩함을 지킬
때 열방의 제사장 나라가 되며 하나님의 선교를 온전히 수

AudioBook

종들 수 있었다. 출애굽과 가나안 정복의 과정에서 이스라엘의 순종으로 하나님의 하나님 되심과 그 백성으로 살며 누리는 복이 열방 가운데 선포되었다. 때로 이스라엘의 불순종에도 불구하고 끝까지 인내하시며 언약을 성취하시는 하나님의 긍휼과 열심을 열방에 드러내기도 하였다.

구약의 언약을 통하여 약속하신 아브라함과 다윗의 자손 그리스도께서 세상에 오심으로 구약의 예언은 성취되고, 율법은 완성되었다. 그러므로 누구든지 그리스도를 믿는 자는 구원을 얻게 될 것이다. 예수님은 아버지께서 당신을 보내심처럼 우리를 세상으로 보내셨다. 우리는 여기서 선교적 교회, 선교적 삶을 이해하게 된다. 우리는 세상 가운데 다만 생존하는 자들이 아니다. 우리는 목적을 가지고 보내심을 받아 지금도 세상에 서 있는 것이다.

오늘 우리가 사는 세상은 세계화에 의하여 거대한 비즈니스 제국이 되었다. 모든 민족들은 생존과 비즈니스 동기에 의하여 이동하고 협력하고 있으며, 우리의 모든 삶은 비즈니스 구조 안에 있으며, 모든 직업과 영역을 설명하는 논리가 비즈니스가 되었다. 이제 비즈니스는 시대의 코드와 문화가 되었으며, 사람들의 라이프 스타일이 되었다. 이제 우리가 사는 세상, 비즈니스 세계와 삶의 현장에서 선교를 생각하고, 그 방법과 메시지를 생각해야 한다.

로잔 마닐라 선언의 6항 "증인들"에서는 믿는 우리 모두가 제사장임을 주장하면서, 우리 믿는 자 모두가 사역자라고 천명한다. 그리고 우리의 증거가 지역교회를 통해서 뿐만 아니라 우리의 일상과 가정과 일터에서 일어나는 일임을 강조하고 있다. 특별히 깨어있는 시간의 절반을 보내고 있는 일터에서 우리의 소명을 살아가는 동안 우리의 하는 일을 통해서 그리스도를 증거할 수 있다고 강조한다. 이제 일터에 선 우리들에게 선교적 삶이란, 말의 복음이 아닌 삶의 복음이어야 하며, 말만 하는 선교가 아닌 삶이 있는 선교가 되어야 한다.

일터에는 그리스도의 삶을 따르는 참 제자들이 필요하다. 그러므로 선교적 삶은 참된 제자도에 있다. 제자도는 예수께서 전 생애를 통해 보여주신 가르침과 삶을 사랑하며 따르는 삶이다. 이는 주되심의 신앙고백이며, 청지기로서의 삶이며, 모든 이웃들과 피조세계와 더불어 살아가는 삶이다. 예수님의 제자도는 단순히 그의 교훈만 따르는 삶이 아니라 대위임령에 따라 참 예수의 제자가 되고, 모든 족속으로 제자를 삼는 삶을 살아야 한다. 주께서 '가라'하심은 지금 내 일상과 일터를 두고 다만 어디론가 가야한다는 말이 아니다. 우리를 보내신 세상은 이미 우리가 살고 있는 일 터와 삶의 자리다. 일터에서 더불어 살며 일하게 하신 이들 과 삶을 공유할 때 자연스럽게 선한 영향력이 미치며 배움 과 따름이 일어난다. 일터는 그리스도의 제자가 세워지는 좋은 기회의 자리다.

창조세계를 돌보는 일은 사람을 만드신 하나님의 창조 명령이다. 우리가 돌봄을 망각하고 무지함과 파괴적인 난 개발로 지금 피조세계는 심각한 고통으로 신음하고 있다. 먼저 책무를 잊은 삶을 회개하며, 사랑하기로 결정하자. 거 창한 모토보다 작은 일상의 실천이 중요하다. 우리들의 선 교적 삶은 자신의 일과 직업을 소명으로 여기며, 일터에서 드리는 예배적 삶을 통해 하나님과 그의 나라와 복음을 드 러내는 삶이다. 그 일을 위하여 전문성과 성장, 선한 영향 력, 낮은 곳 임하기라는 3가지 분명한 태도와 지향이 필요 하다. 선교적 삶, 이제 우리의 일터에서 시작하자.

반추를 위한 인용

우리는 오늘 세상 가운데 다만 생존하는 것이 아니라 그 의 보내심을 받아 존재하는 것이다. 우리는 일터에서 선교하시는 하나님께서 그리스도를 세상에 보내심과 같이, 그리스도께서 세상으로 우리를 보내신 뜻을 기억해야 한다. 우리가 선 삶터와 일터에서 그 영광스러운 보내신 책무를 이행해야 할 것이다. 그 사명이 바로 선교적 삶이다. p.260

우리는 먼저 세상 속에서 '그의 백성다움을 지켜가는 일'을 해야한다. 나아가 우리를 긍휼이 여기시고 우리를 어둠과 죽음과 저주로부터 불러내어 그의 기이한 빛 가운데 살게 하신 '그의 아름다움을 전하는 일'을 해야 한다. p.261

글로벌 마케팅은 각기 다른 나라에 살면서도 같은 브랜드의 옷을 입고, 같은 브랜드의 음료를 마시며, 같은 음악을 듣고 살게 한다. 비즈니스는 우리를 새롭게 연결하고 결속시키며 새로운 문화를 창조하고 있다. 비즈니스는 오늘 이 시대의 언어요, 코드며 문화다. p.266

오늘 우리가 사는 세상, 비즈니스 세계와 삶의 현장 한가운데에서 우리의 선교를 생각하고, 그 방법과 메시지를 생각해야 한다. 그것은 우리의 삶을 담보로 한 메시지일 것이다. p.267

일터에서 살아야 하는 선교적 삶이란 삶이 있는 선교, 삶

의 선교가 되어야 한다는 말이다. 그의 삶이 복음이어야 한다. p.271

우리는 먼저 그리스도의 제자가 되고, 제자 삼는 자가 되어야 한다. 제자 삼는 재생산의 삶은 일터에서도 동일하다. 우리 삶의 전과정을 통한 삶의 모범을 통해 우리 삶에 제자가 일어나야 한다. p.273

일터현장에서 정직한 예수 제자들의 삶에는 자연스럽게 제자들이 일어난다. 함께 일하는 동료들이 그를 주목하기 때문에 자연스러운 삶은 공유되고, 배움과 따름이 일어난다. 먼저 그리스도의 제자가 되고 제자가 일어나는 그 현장에 하나님 나라가 임하는 것을 보게 될 것이다. p.275

우리는 하나님의 창조명령을 따라 그리스도께서 우리를 사랑하신 것처럼 우리도 이웃을 사랑하며 또한 우리에게 맡기신 피조세계를 사랑해야 한다. 이는 하나님을 사랑하듯 하나님이 만드신 세상을 사랑하고, 당신을 존중하듯 당신의 소유에 대한 애정과 돌봄을 의미한다. p.277

일터에서 모두가 상향성의 삶을 지향하고 있을 때 우리는 그곳에서 하향성의 삶을 살아가야 한다. 이로 인하여 복

음은 힘을 얻고, 전도의 기회도 함께 얻게 될 것이다. p.278

　우리는 더 이상 가는 사람 보내는 사람으로 구분하지 않을 것이다. 우리는 모두가 자신의 부름을 따라 일하는 삶을 살 것이다. 우리는 사는 것과 전하는 것이 결코 다르지 않은 삶이어야 한다. 우리는 단 한번의 신앙고백으로 그치는 것이 아니라 매일 일상과 일터에서 삶의 증인으로 복음을 증거할 것이다. p.279

실행을 위한 질문

1. 오늘 우리가 살고 있는 세계와 선교적 상황은 극적인 변화를 경험하고 있다. 지난 시대와 무엇이 어떻게 달라졌는가 생각해 보자. p.257

2. 선교의 주인은 하나님이시다. 우리는 열방을 위한 하나님의 목적을 위해 구별된 백성들이다. 하나님의 백성들은 선교를 위해 무엇이 필요한가? 성경이 말하는 Being Mission과 Doing Mission을 정리해 보고 나의 Being Mission과 Doing Mission이 무엇인지 적어보자. p.259, 261

3. 비즈니스는 요람에서 무덤까지 우리들의 삶의 모든 영역을 장악했다. 우리는 소비, 생산, 판매, 투자라는 비즈니스 구조 안에 살아가고 있다. 내 삶에 비즈니스가 미치고 있는 영역들을 적어보자. p.262

4. 비즈니스 세계 속에서 일하고 살아가는 우리들에게 선교적 삶은 무엇인가? 로잔 마닐라 선언 제6항을 읽고 정리해 보자. p.267

5. "여러 세기 동안 '믿는 자 모두의 제사장직'을 주장해 온 우리는 이제도 믿는 자 모두가 사역자임을 주장한다". 모두가 사역자라는 마닐라 선언에 대한 나의 생각을 적어보자. p.268

6. 일터에는 두 종류의 사람들이 있다. 하나는 정직하게 성실하게 일하는 사람이고 또 하나는 머리를 쓰며 요령을 부리며 일하는 사람이다. 내 일터에서의 시간을 돌아보자. 동료들에게 나는 어떤 사람인지 생각해 보고 적어보자. p.270

7. 제자도는 그리스도 예수께서 출생으로부터 죽음에 이르기까지 전 생애를 통해 보여주신 가르침과 삶을 사랑하며 따르는 삶이다. 이는 우리가 살펴 보았던 창조주의 디자인인 에덴의 삶의 원리를 사는 것이기도 하다. 존 스토트의 제자도의 특징 8가지를 따라 내 삶을 점검하고 적어보자. p.272

· 불순응

· 닮음

· 성숙

· 창조세계를 돌봄

· 단순한 삶

· 균형

· 의존

· 죽음

---

8. 그리스도의 제자는 그의 교훈만을 따르는 것이 아니라 그의 비전과 삶과 남기신 유지에 헌신하는 것이다. 우리는 제자가 되고 제자 삼는 자가 되어야 한다. 우리의 일상과 일터에서 제자 삼기 위한 5가지 단계들 중 내게 보완이 필요한 단계는 무엇인가? p.274

9. 창조세계를 돌보는 일은 상황이 절박한 만큼, 모두의 지혜와 공동체적 실천이 절실하다. 모두 하나님을 사랑하는 마음으로 시작하고, 사람을 사랑하는 마음으로 함께하며, 피조세계를 사랑하는 일로 열매 맺어야 할 것이다. 내가 속한 공동체에서 실천하고 있는 구체적인 사례가 있는가? 내가 실천하고 있는 내용을 구체적으로 3가지 이상 적어보자. p.278

10. 선교적 삶의 결론적인 정의를 찾아 적어보자. 그 실행을 위한 3가지 내용에 따른 나의 적용은 무엇인가? p.278

묵상을 위한 기도

오, 하나님,

우리를 사랑으로 만드신 주여,

궁핍하고 소망이 없는

모든 이들을 위해 기도합니다.

우리가 가난하거나 소외되는 것이 어떤 것인지,

깨끗한 물이 없는 것이 어떤 것인지,

단순히 생존을 위한 싸움에 진이 빠지는 것이

어떤 것인지 이해하도록 도와주옵소서.

우리의 상상력이 폭발하게 해주시고,

그들의 고통을 덜어주기 위해 일할 수 있도록

우리에게 능력을 주시옵소서.

우리 주 예수 그리스도를 통해 기도합니다.

- 안젤라 애쉬윈(Angela Ashwin), 「천개의 기도」 -

세계관 소명 문화 영성 돈 리더십 공동체 비전 선교적삶 BAM

10

일터와
BAM

워크북

마치 물이 바다를 덮는 것 같이

여호와의 영광을 아는 지식이 세상에 가득 찰 것이다.

합 2:14 우리말성경

10

일터와
BAM

정리를 위한 요약

선교의 자리는 가난한 세상이다. 그리스도는 가난한 우리들 가운데 임하시고 우리의 복음이 되셨다. 그러므로 우리도 함께 살아가는 나라와 민족과 지역과 이웃들 속에서 또 문화권을 넘어 복음이 없는 땅과 민족들 가운데에서 가난과 불평등과 사회적 어둠으로 인해 만연한 고통과 깊은 신음이 존재하고 있음을 본다. 또 그곳에 황폐화된 피조세계의 고통을 함께 주목한다. 우리는 어떻게 저들의 신음과 눈물을 거두고 저들을 치유하며 저들에게 복음이 될까? 우리는 어떻게 정의와 평화의 왕 예수의 복음을 전할 것인가? "온 교회가 온전한 복음을 온 세상에!"라는 로잔의 모토처럼 이제 온 교회는 온전한 복음을 들고 온 세상으로 나아가

AudioBook

야 한다. Business As Mission은 바로 이런 관점에서 로잔에서 2004년에 내놓은 총체적 선교를 위한 전략이다.

BAM은 단어를 구성하는 '비즈니스(Business)', '선교(Mission)' 그리고 그 둘을 연결하는 'As', 세 단어 각각의 이해를 통해 정의된다. 'Business'는 기업의 활동일 뿐 아니라 비즈니스 세계 속에서 살아가는 우리들의 모든 일과 노동과 직업 활동들, 비즈니스 세상의 문화 그리고 라이프 스타일을 함의한다. 'Mission'은 선교의 하나님께서 행하시는 일이다. 복음이 필요한 땅과 민족과 영역으로 우리를 보내심으로 일어나는 복음전도와 제자삼기, 교회개척은 물론이고, 본질적인 '하나님의 일로써의 선교'를 의미한다. 'As'는 오랫동안 분리되었던 그 두 일을 통합한다. 그리고 그 일을 수행하는 우리의 목적과 비전과 영성으로서 하나님 사랑과 이웃사랑의 실천을 의미한다. 이제 일상과 일터에서 행하는 우리의 'Business'가 세상의 구속과 회복을 위한 'Mission'이 되도록 우리는 그 과정인 'As의 삶'을 순교적 각오로 살아내야 할 것이다.

BAM의 기업중심 정의부터 살펴보자. BAM은 상대적으로 복음의 영향력이 낮은 곳에서 복음을 전하려는 의도를 가진 리더십에 의하여 운영되는 재정적으로 유지 가능한 비즈니스로써 하나님 나라의 가치에 근거하여 개인과 지역사회에서 영적, 경제적, 사회적, 환경적인 총체적 변혁을 가져오는데 그 목적이 있다. 이를 수행하기 원하는 모든 기업들은 유지 가능성, 선한 영향력, 선교적 의도, 이 세 가지 방향을 모두 가져야 한다. 또한 BAM을 실현하는 기업만 아니라 이제 실행의 실제적 주체인 그리스도의 제자들이며 모든 민족을 위한 하나님의 비전에 자신을 헌신한 BAMer, 즉 사람 중심으로 관점을 전환하는 재이해가 필요하다. 한 사람의 삶에도 예수의 제자도를 통한 선한 영향력을 가진 삶은 물론이고, 일터에서 지속 가능한 전문성은 기본기가 된다. 그리고 그리스도의 성육신을 본받는 적극적 하향성의 삶을 추구해야 한다.

BAM은 창조언약에 따른 창조명령과 모든 믿는 자를 향한 대위임령인 선교명령의 통합이다. 이는 실로 무거운 책무임에 분명하지만, 그러나 더이상 새롭지도 낯설지도 않다. 자신의 일을 통해 세상을 섬기고 사랑하며, 하나님의 선하심과 그리스도의 사랑을 세상 가운데 드러내며 살아간 성경의 모든 증인들의 오래된 옛길이다. 또한 사회구원과 영혼구원의 우선성 문제에 대한 논의의 결론으로 정리된 총체적 선교 전략으로 제시된 BAM이기 때문이다. 우리는 이미 총체적 하나님 나라의 복음이 필요한 현장에서 살며, 일하고 있다. 우리들로 인하여 그곳에 경제적, 사회적, 환경적, 영적 변혁이 일어나야 할 것이다. 우리의 삶을 통해 하나님 나라가 이루어지고, 하나님의 이름이 높임을 받게 될 것이다. 이것이 Business As Mission이 바라보는 총체적 관점의 복음화다.

성경과 역사 속에 수많은 사례들이 있지만, 근대선교의 효시인 모라비안 공동체의 레디컬한 삶과 그 영향력은 여전히 오늘 우리에게도 다시 선교적 헌신을 독려하며, 우리의 헌신에 확신과 소망을 더한다. 교회여! 단 하나의 열정, 그리스도를 뜨겁게 사랑하자. 그리고 그들이 걸어간 '오래된 새 길(New Path in Old Ways)'을 통해 이제 내 삶과 일터에서 우리도 다시 선교를 시작하자.

반추를 위한 인용

선교적 삶이란, 이런 필요를 가진 '낮은 곳', 보내심 받은 그곳을 거룩한 땅으로 여기며, 그 세상 한가운데서 그 세상의 필요를 채우며 섬기는 삶이다. 바로 성육신적 삶이다. 오늘날 복음이 없는 땅과 민족들 가운데 가난과 불의와 불평등이 만연하다. 우리는 이 땅 가운데로 보내심을 받았다.
p.288

　　BAM이 말하는 선교는 인간이 타락하는 그 순간부터 인간과 피조세계의 구속과 회복을 위한 하나님의 역사를 의미한다. 선교의 하나님은 당신의 선교를 위하여 세상에 예수 그리스도를 보내셨다. 또 예수님은 세상 속에 교회를 세우시고, 아버지께서 당신을 보내심처럼 우리를 세상으로 보내셨다. p.291

　　BAM에서 As는 거룩한 세계와 세속세계로 분리하였던 우리의 세계관을 통합하고, 우리의 전인적인 삶을 통하여 선교하도록 하는 역동적 에너지다. 일상과 일터에서 행하는 우리의 'Business'가 세상의 구속과 회복을 위한 'Mission'이 되도록 우리는 그 과정인 'As의 삶'을 순교적 각오로 살아내야 할 것이다. p.292

　　BAM은 상대적으로 복음의 영향력이 낮은 곳에서 복음을 전하려는 의도를 가진 리더십에 의하여 운영되는 재정적으로 유지가능한 비즈니스로써 하나님 나라의 가치에 근거하여 개인과 지역사회에서 영적, 경제적, 사회적, 환경적인 총체적 변혁을 가져오는데 그 목적이 있다. p.295

'Kingdom Influence'를 '선한 영향력'이라고 읽지만, 단순한 '선함'이 아니다. 그 '선함'은 하나님의 본성인 '토브'에서 비롯되는 것이다. 실제로 BAM은 반드시 '하나님 나라의 가치와 목적과 관점과 영향력을 가진' 비즈니스여야 한다. 그래야만 하나님께서 축복하실만하며 또한 선한 영향력을 가져야 선교적 목적을 성취할 수 있다. p.298

우리는 비즈니스가 놓인 나라와 민족이 가진 독특한 문화적 상황에 민감해야 한다. 사회적 변혁을 목적하고 성경적 원칙을 세워야 한다. BAM 비즈니스는 세상적 기업과 차별화된 윤리와 도덕성이 확실해야 한다. 그때에 사회의 부정과 불의에 맞설 수 있으며, 하나님의 공의가 회복된 사회의 구현에 기여하게 될 것이다. p.299

우리는 한 사람 BAMer의 삶을 통하여, 그가 선 곳에서, 기업가로서 또는 비즈니스 세계 속에 살아가는 그리스도의 제자로서 그의 삶의 자리에 하나님의 나라가 임하는 것을 보게 될 것이다. p.302

BAM은 결코 새로운 유행이거나 색다른 이야기가 아니다. 이미 오래된 옛길이다. BAM은 자신의 하는 일을 통해 세상을 섬기고 사랑하며, 그리스도의 사랑과 하나님의 아

름다우심을 드러내는 선교적 삶을 수행하는 것이다. p.304

비즈니스는 바로 우리 옆에서 그리고 땅 끝에서, 세계 곳곳에서 새로운 일들을 시작하고 열매 맺고 있다. 우리는 바로 그 비즈니스 현장에서 일하고 있다. 하나님 나라의 복음을 필요로 하는 현장에서 우리는 살며, 일하고 있다. 우리가 그곳에서 하나님 나라의 가치, 목적과 비전이 이끌고 하나님 나라의 의를 실현하는 비즈니스를 펼치고 있다면 그곳에 총체적 변혁이 일어나게 될 것이다. 더불어 이루어지는 것은 하나님의 나라이며, 높임을 받으시는 것은 하나님의 이름일 것이다. p.312

비즈니스 세상 속에서 우리 그리스도인들의 고백과 삶이 통합된 복음은 하나님의 굵직한 메시지가 되고 세상의 큰 울림이 될 것이다. 복음의 가시성을 요구하는 시대 속에서 우리의 응전은 다름 아닌 비즈니스 세상 속으로 들어간 성도들이 그들 속에서 함께 살며, 일하며, 사랑하며 그 일과 과정을 통해 드러내는 하나님 나라의 가치와 영향력을 가진 삶이다. 복음이 필요한 지역과 민족과 열방의 모든 일터와 삶의 모든 영역 속으로, '적극적인 하향성의 삶'을 추구하며 기꺼이 그들 가운데로 들어가자. p.318~319

실행을 위한 질문

1. 우리는 어떻게 이 세상을 치유하며 모든 이들의 울음을 거두고 진실로 웃게 할 수 있을까? 우리는 어떻게 그들에게 사랑과 정의와 평화의 나라, 우리의 왕 되신 예수와 그의 복음을 전할 것인가? 아니, 우리는 어떻게 저들에게 복음이 될 것인가? '우리'를 '나'로 바꾸어 스스로에게 질문해 보자. 그리고 내 삶에 적용해 보자. p.285

2. '가난'은 그리스도가 필요한 자리다. '가난'은 그리스도께서 임하신 자리다. '가난'은 우리가 보냄을 받은 자리다. 그리스도는 우리를 세상 가운데로 보내셨다. "아버지께서 나를 보내신 것 같이 나도 그들을 세상에 보내었고" 하나님의 보내심을 받은 자리, 그곳이 바로 낮은 곳이다. 나에게 있어 가난의 자리는 어디인가? 내가 있는 곳은 보내심을 받은 자리인가? p.288

3. Business As Mission(BAM)이란 무엇인가? 책 내용을 중심으로 각 세 단어의 의미를 적어보자. p.290

Business(비즈니스)	
Mission(미션)	
As(애즈)	

4. 일상과 일터에서 행하는 우리의 'Business(비즈니스)'가 세상의 구속과 회복을 위한 'Mission(미션)'이 되도록 우리는 그 과정인 'As(애즈)의 삶'을 살아 내야 할 것이다. 이제 나의 삶 속에서 'Business'와 'Mission' 그리고 'As의 삶'은 어떻게 살아 내야 하는지 생각해 보자. p.292

5. 로잔 BAM 선언문에 따른 BAM의 기업 중심의 정의는 무엇인가? p.295

6. BAM 기업의 3가지 핵심은 유지 가능성, 선한 영향력, 선교적 의도이다.
이 3가지 내용을 책을 중심으로 정리해 보자. p.296

유지 가능성	
선한 영향력	
선교적 의도	

7. 비즈니스 세계 속에서 선교적 삶을 살아가는 BAMer(배머)들도 세 가지
기본적 조건으로 선한 영향력, 지속 가능성 그리고 선교적 의도가 필요
하다. 이 3가지 내용을 책을 중심으로 정리해 보자. p.301

선한 영향력	
지속 가능성	
선교적 의도	

8. BAMer의 3가지 조건을 내 삶에 적용해 보자.

　• 나의 삶을 통해 선한 영향력이 나타나고 있는가?

　———————————————————————————

　• 나는 지속 가능성을 갖추고 있는 BAMer인가?

　———————————————————————————

　• 나의 삶에는 분명한 선교적 의도가 드러나는가?

　———————————————————————————

9. Business As Mission은 창조명령과 선교명령의 통합이다. 나는 내 일과 직업을 통해 어떻게 이 두 명령을 통합하고 수행할 수 있는가? p.302

10. BAM의 역사적 사례인 18세기 모라비안 공동체의 이야기는 근대 선교의 효시가 되었다. 그들의 삶을 통해 오늘 내 삶에 도전과 귀감을 삼고 적용해 볼 내용은 무엇인가? p.313

묵상을 위한 기도

내가 서 있는 이 곳은 거룩한 땅
나의 신을 벗고 주 앞에 서네
내가 섬기는 이것은 거룩한 일
나의 맘을 다해 주께 하듯 해
나의 일터에 기름 부으소서
하나님 나라를 이 곳에 옮기소서
잃어 버린 땅에 나를 보내소서
나의 일터를 그 곳에 세우소서
이 곳을 정결케 하소서
이 곳을 부흥케 하소서
이 곳에 임재하소서
이 곳을 주의 피로 덮으소서
주님의 열심이 닫힌 문을 열고
우리의 섬김이 닫힌 맘을 여네
놓여진 다리 위로 주의 백성 행진하리라

- 마창선, 「이 곳은 거룩한 땅」 -

일터, 하나님의 디자인 워크북

송동호

초판 1쇄 발행 2022년 9월 20일
    2쇄 발행 2024년 7월 5일

펴낸곳 나우책장 / 나우미션
편집 송소연 / 윤지원
디자인 송시은 / 우기쁨

출판등록 2021년 9월 29일 제 2021-000117호
ISBN 979-11-976064-5-8
주소 서울시 마포구 와우산로 135, 202호
대표전화 02-2135-6765 / fax 02-2135-6765
E-mail nowpeople@gmail.com

03230

printed in korea

ISBN 979-11-976064-3-4

값12,000원